TRENUJ

Z KRZYCHEM

KRZYCHU GOLONKA

TRENUJ Z KRZYCHEM

Graj jak najlepsi piłkarze świata

Wydawnictwo Znak
Kraków 2016

JAK
ZOSTAŁEM
MISTRZEM!
MOJA HISTORIA

No, witam Cię, człowieku, tu Krzychu Golonka i w skrócie podbijam świat z piłką nożną!

– to zdanie pewnie już znacie. Czy jest ono poprawne? Może o samej konstrukcji gramatycznej nie będę na wszelki wypadek pisał (na szczęście jestem sportowcem, a nie polonistą). Nawet jeśli niepoprawne, to zdanie jest dla mnie bardzo ważne – opisuje całe moje dotychczasowe życie. Życie, którego pasją stał się okrągły, turlający się przedmiot. To właśnie piłce (bo o nią chodzi), zdenerwowany i sfrustrowany, wielokrotnie zasadzałem przysadzistego kopniaka, a ona mimo to odwdzięczyła się, rozbudzając we mnie pasję, która towarzyszy mi każdego dnia. To właśnie fascynacja piłką pozwala mi spełniać największe marzenia z dzieciństwa i kształtuje moje podejście do świata.

Gdyby dziesięć lat temu ktoś mi powiedział: „Krzychu, to, że teraz ćwiczysz na domowym podwórku w małej wiosce, zupełnie nie ma znaczenia! Kiedyś zostaniesz mistrzem świata, będziesz się spotykał z największymi gwiazdami piłki nożnej i z nimi trenował. Twój kanał będzie najpopularniejszym kanałem sportowym na YouTubie w Polsce z ponadpięciomilionową liczbą wyświetleń każdego miesiąca...", to odparłbym bez wahania: „Taaa i jeszcze powiedz, że kiedyś wydam własną książkę... Człowieku, daj spokój, ja tylko chcę umieć wykonywać kilka zwodów jak Ronaldinho!". A następnie szybko poszedłbym w miejsce, gdzie mogę „nadal robić swoje". Jak się później okazało, to właśnie ogromna pasja zasilana zawziętością była kluczem do wszystkiego, co udało mi się osiągnąć. Ale może od początku.

Pierwsze chwile z piłką

Jak to się stało, że padło właśnie na piłkę nożną? Tego nie wiem, nie przypominam sobie swojego absolutnie pierwszego kontaktu z piłką. Próbuję cofnąć się pamięcią do czasów, kiedy zamiast „K" mówiłem „T" i każda próba wypowiedzenia przeze mnie własnego imienia kończyła się śmiechem całej mojej rodzinki. Powracam też myślami do czasów, gdy mój starszy brat, grając w grę komputerową FIFA, wmawiał mi, że jeśli będę tylko patrzył z boku, to stworzymy zgrany duet. Albo do czasów gdy inni podczas pierwszej jazdy na rowerze tracili swoje mleczne zęby... Spokojnie, ja swoje straciłem po podobnym uderzeniu jak w moim filmie *Huknij piłką w poprzeczkę*, z tym że w miejscu gdzie powinna być poprzeczka, przypadkowo znalazłem się akurat ja.

Piłka po prostu była ze mną zawsze. Kto wie, czy nawet nie przed pierwszym pampersem... Mieszkałem na osiedlu, więc o ekipę do gry nie było trudno. Był Tazos, Pączek, Myrcha, ja miałem ksywkę Glonek. Na samym środku naszego osiedlowego podwórka – między drzewami – graliśmy w piłę, od rana do wieczora. Tak, dobrze przeczytałeś, graliśmy między drzewami, aż pewnego dnia sąsiedzi zdecydowali je ściąć... Pamiętam tamten dzień – udało mi się wtedy zorganizować pierwszy w życiu strajk... Zebrałem kolegów, mimo że mieliśmy po pięć, sześć lat, wdrapaliśmy się na drzewa, żeby nie pozwolić na zniszczenie naszego ukochanego „boiska". Nasz protest zakończył się jednak dość szybko – dostaliśmy po prostu burę i klapsy od swoich rodziców i wróciliśmy z płaczem do domów. Efekt okazał się jednak cudowny, bo tam gdzie wcześniej stały drzewa, ustawiono drewnianą bramkę, a my tylko załatwiliśmy siatkę, wprawdzie do tenisa, ale lepszej nie mieliśmy. Zszyliśmy ją ręcznie, tak by zawiesić między słupkami a poprzeczką, i już nigdy więcej nie musieliśmy się martwić, jak sprawdzić, czy padł gol czy nie. To było wspaniałe!

Nie wiem, czy to były czasy, że człowiek się nie męczył, nie pocił, nie miał zbyt wielu obowiązków... Kontaktu z piłką nożną było mi po prostu wciąż za mało. Na osiedlu graliśmy wszyscy, młodzi i starsi razem. Nikt nie zwracał na to uwagi i nikt nikomu nie dawał forów. Teraz możecie się domyślić, czemu miałem pseudonim Glonek, a nie na przykład Golona. Byłem po prostu jednym z mniejszych i chudszych zawodników. Starsze chłopaki jednym popchnięciem odrzucały mnie na metr od piłki, jednocześnie mnie przewracając. Mogłem poradzić sobie z tym problemem dwojako: albo urosnąć w kilka dni i stać się wyższym niż trzy lata starsi koledzy, albo w każdej wolnej chwili obok domu ćwiczyć zwody, drybling i technikę i wykorzystać to, że jako mniejszy mogę być jednocześnie zwinniejszy, tak by zaskoczyć przeciwników zagraniem, o którym nie mieli nawet pojęcia. I tak oto wybrałem drogę nieustającego doskonalenia techniki. W tamtych czasach nie było książek, poradników, nie miałem dostępu do internetu. Jedynym sposobem na poznanie nowych elementów gry było oglądanie w telewizji wszystkiego, co związane z piłką, każdego efektownego zwodu, i notowanie za pomocą strzałek na kartce papieru ruchów, jakie powinienem wykonać. Tak właśnie uczyłem się pierwszych przeplatanek czy ruletki od Zinédine'a Zidane'a. Często się myliłem, nie zawsze nawet dobrze opisywałem ruchy - w domu nie mieliśmy magnetowidu, żebym mógł obejrzeć zagrania jeszcze raz. Jeśli na innym kanale, nawet o późniejszej porze, emitowano ponownie dany mecz, starałem się obejrzeć go raz jeszcze. Piłka leżała zazwyczaj blisko telewizora. Każdy trik, który zobaczyłem, musiałem od razu powtórzyć, ale próby naśladowania mistrzów nie zawsze okazywały się bezpieczne dla mnie czy dla mebli. Gdy udawało mi się wykonywać jakiś zwód z coraz większą szybkością (jak na możliwości kilkulatka) - nieważne, czy samemu w pokoju, czy podczas gry z kolegami - czułem się jak światowej klasy piłkarz.

Pierwszy gol

Przełomowy był dzień, w którym po raz pierwszy usłyszałem o Ronaldinho. Umiejętności tego człowieka nie dawały mi spać po nocach. Zachwycało mnie w jego grze absolutnie wszystko; począwszy od zwodów, poprzez panowanie nad piłką, a na charakterystycznym sposobie poruszania się po murawie kończąc. Za moim domem znajdowało się pole, na którym uprawiano porzeczki. Gdy nikt nie widział, próbowałem biegać z piłką slalomem od krzaka do krzaka i układać w biegu ciało dokładnie w taki sam sposób, jak robił to mój idol. Choć wyglądało to strasznie nieporadnie - coś jakby połączenie skoków zająca

Jeden z pierwszych Rainbow flicków, 2002 r.

z wymachami rękami podobnymi do ruchów skrzydeł ptaka zbierającego się do lotu – wiedziałem, że gdy ćwiczę nawet w taki śmieszny sposób, coraz lepiej panuję nad futbolówką. Miałem swoją żółtą piłeczkę, taką jaką kopał Ronaldinho, i miałem też swoją pierwszą piłkarską koszulkę. Wskutek małego błędu w komunikacji z rodzicami na urodziny zamiast koszulki Ronaldinho dostałem koszulkę Juventusu Turyn... Nie pozostało mi nic innego, jak mimo wszystko czuć się w niej niczym Ronaldinho (przynajmniej cały czas próbowałem). Gorzej było wytłumaczyć się z tego przed kolegami, dlatego moim drugim ulubionym piłkarzem został wtedy piłkarz Juve Del Piero.

W tamtym czasie występowałem już w swoim lokalnym klubie piłkarskim Hart Tęgoborze. To właśnie w barwach mojego ówczesnego klub strzeliłem – dzięki Ronaldinho – swojego pierwszego oficjalnego gola w życiu. Pamiętam ten moment doskonale. Naszym rywalem była wtedy drużyna z Krynicy; na potrzeby transportu naszego zespołu wynajęto bus, który okazał się pojazdem przeznaczonym do przewozu towarów, a nie osób, co więcej, wewnątrz zamiast siedzeń były odwrócone skrzynki po napojach nieznanych młodym sportowcom. Mecz miał się odbyć w sobotę o godzinie czternastej. Jako że nasz kierowca pomylił trasę, musieliśmy się przebrać w stroje sportowe jeszcze w trakcie jazdy w samochodzie. W pewnym momencie trener, rozdając koszulki, wypowiedział zdanie, które do dziś pamiętam: „Krzysiek, masz dzisiaj dziesiątkę”; nie wyobrażacie sobie, jak olbrzymie było to dla mnie wyróżnienie! Zacisnąłem zęby, ale dopiero w chwili wkładania koszulki dotarło do mnie, że będę występował z numerem, który od zawsze w piłce kojarzony był z najlepszymi piłkarzami świata, i co najważniejsze, dokładnie takim, z jakim występował mój największy idol. Jeszcze przecież dzień wcześniej oglądałem w telewizji mecz z jego udziałem i po raz pierwszy dane mi było zobaczyć, jak wykonał słynne na cały świat *elastico*. Był to jeden niesamowicie szybki ruch, z dwukrotną zmianą kierunku biegu piłki, po którym rywale przewracają się po prostu z wrażenia. Od razu w nocy zacząłem wtedy ćwiczyć ów zwód, nie zdając sobie sprawy, że już następnego dnia będzie mi dane go wypróbować. Mecz rozpoczął się spokojnie, grałem na najwyższych obrotach. Sił dodawała mi świadomość, że na mojej koszulce znajduje się wymarzony numer – dycha. Przełomowy dla mnie i drużyny moment nastąpił na początku drugiej połowy. Trener umieścił mnie na pozycji prawego napastnika. Po długim podaniu otrzymałem piłkę około trzydziestu pięciu metrów od bramki, przede mną był tylko prawy obrońca, pozostali zawodnicy defensywy przeciwników wyraźnie zaspali. Mimo że na zastanowienie się miałem nie więcej niż ćwierć sekundy, to dobrze wiedziałem, że właśnie teraz jest chwila na coś wyjątkowego, i wypowiedziałem w duchu: „Jedziesz, Krzychu z *elastico*”. Obrońca już biegł ku mnie w pełnym tempie. Różnica masy ciała między nim a mną wynosiła dobre 15 kilogramów na jego korzyść. Jak możecie się domyślać, w zderzeniu z nim nie miałbym szans... Ale pomyślałem: „Przecież mogę być zwinniejszy!”. Zbierałem się więc do zwodu, zewnętrzną częścią stopy popchnąłem piłkę w prawo – dokładnie jak zapamiętałem z relacji telewizyjnej – i z całych sił starałem się skierować ją w przeciwną stronę szybkim płynnym zagarnięciem. Płynne to ono jednak nie

„Krzysiek, masz dzisiaj dziesiątkę”; nie wyobrażacie sobie, jak olbrzymie było to dla mnie wyróżnienie!

było, bo ze stresu chyba pomyliły mi się nogi i zamiast zagarnąć, uderzyłem piłkę piętą do przodu. Efekt? Olbrzymi obrońca został zupełnie zmylony – ruszył w prawo, niemal się przewracając, a ja obiegłem go z drugiej strony. Przed sobą miałem już tylko bramkarza, który chcąc skrócić dystans, zaczął się do mnie zbliżać w szybkim tempie. Zdecydowałem się wtedy uderzyć piłkę po ziemi obok niego. Nie był to może najlepszy strzał, bo piłka właściwie wturlała się od słupka po linii do bramki, ale najważniejsze, że sędzia odgwizdał gola, a cały mecz zakończył się zwycięstwem naszej drużyny. Po występie zawodnicy z trenerem długo się zastanawiali, jakim trikiem udało mi się tak namieszać obrońcy w głowie. Szczerze mówiąc, sam byłem tak zszokowany, że nie miałem pojęcia, co to było. Nie przyznałem się, że chodziło mi o wykonanie zupełnie czegoś innego! Rozpierała mnie duma, że wykonywane przeze mnie ćwiczenia przyniosły konkretny efekt w postaci bramki i że osoby, które wcześniej mnie wyśmiewały, wtedy przybiły mi piątkę i pogratulowały całej akcji. Wróciłem do domu, uścisnąłem rodziców i jeszcze tego samego dnia poszedłem ćwiczyć, aby w przyszłości *elastico* za każdym razem udawało się już bez niespodzianek.

Początki *freestyle*'u

Gdy przez kilka kolejnych lat grałem w lokalnym klubie futbolowym, nie opuszczało mnie przekonanie, że brakuje mi „tego czegoś", dzięki czemu osiągnę wyższy poziom gry. Pod koniec gimnazjum zdecydowałem się zmienić klub na taki, który da mi większe szanse rozwoju zawodniczego, a może nawet występu w młodzieżowej reprezentacji Polski. Wybrałem Sandecję Nowy Sącz, jako że w moich stronach klub ten w lidze juniorskiej był jednym z najlepszych. Zdawałem sobie jednak sprawę z tego, że przed rozpoczęciem sezonu muszę bardzo ciężko pracować. Wiedziałem jednocześnie że oprócz doskonalenia samej techniki użytkowej powinienem czynić starania, aby wyróżniać się czymś jeszcze. Tak właśnie w poszukiwaniu pomysłu na siebie natknąłem się na reklamy „Joga Bonito" z udziałem Ronaldinho. Właśnie dzięki nim poznałem, czym jest *freestyle football*, któremu tak wiele dziś zawdzięczam. Ponieważ zawsze bardzo mocno skupiałem się na indywidualnych treningach i technicznej stronie gry, nie miałem problemów z odpowiednim ułożeniem ciała, szczególnie stóp, i wykonywanie pierwszych trików z tygodnia na tydzień przychodziło mi z coraz większą łatwością. Coraz bardziej „czułem" piłkę i coraz lepiej nad nią panowałem. Prawie jak w grze komputerowej FIFA dodawałem sobie tak zwane gwiazdki umiejętności za kolejne osiągnięcia zarówno w trikach boiskowych, jak i *freestyle*'owych. Wszystko układało się dobrze aż do pewnego feralnego dnia, kiedy to podczas meczu nabawiłem się z pozoru niegroźnej kontuzji kolana. Przez kilka miesięcy uraz nie pozwalał jednak o sobie zapomnieć, zwłaszcza przy szybkich zrywach i startach do piłki. Ucierpiało wtedy moje przyspieszenie, które w połączeniu z techniką stanowiło mój największy atut. Czułem się strasznie, wiedziałem, że moje marzenia się oddalają, a nie chciałem

tak po prostu przerwać tego, co robiłem przez całe moje dotychczasowe życie. Zdecydowałem, że w okresie kiedy kontuzja nie pozwala mi grać w piłkę na najwyższych obrotach, skupię się na wariancie *freestyle football*, gdyż w tym przypadku staw kolanowy nie wykonuje gwałtownych ruchów, a do gry na boisku wrócę za jakiś czas dwa razy mocniejszy. Znów dał znać o sobie mój upór i wytrwałość – powiedziałem sobie: „Krzychu, trenujesz teraz triki na maksa – w każdej wolnej chwili". Nie spodziewałem się, że ten zbieg okoliczności sprawi, iż stanę się w przyszłości profesjonalnym football freestylerem. Pierwsze zawody, w których wziąłem udział, sprawiły, że uwierzyłem, iż naprawdę warto uprawiać tę dyscyplinę – zająłem trzecie miejsce na mistrzostwach Polski i jasno wyznaczyłem sobie cel: kiedyś muszę zostać mistrzem świata. Zakochałem się w mojej nowej pasji bezgranicznie. Nie mogłem jednak nawet przypuszczać, że właśnie *freestyle* wywróci moje życie do góry nogami. Przyjąłem wstępnie ramy czasowe na treningi, w praktyce jednak bardziej wyglądało to w ten sposób, że ćwiczyłem, wykorzystując w całości swój wolny czas. W notesie wyszczególniałem elementy, które w pierwszej kolejności muszę poprawić, a następnie trenowałem w oparciu o te notatki. Byłem niezwykle zdeterminowany i zmotywowany. Czułem, że nikt i nic nie jest mnie w stanie zatrzymać w dążeniu do realizacji mojego celu, jaki stanowiło stanięcie na najwyższym stopniu podium mistrzostw świata. Po czterech latach codziennych treningów wiedziałem, że jestem gotowy, aby po raz pierwszy pokazać się publicznie szerszemu gronu. W telewizji ogłaszano akurat nabór do programu *Mam talent*. Pomyślałem: „Krzychu, teraz albo nigdy". Okazało się że była to jedna z ważniejszych decyzji w moim życiu. Mimo że programu nie wygrałem, wystąpiłem w odcinkach na żywo, dzięki czemu zaprezentowałem swoje umiejętności ponad sześciu milionom widzów. Mój występ w programie telewizyjnym spotkał się z wielce pozytywnym odzewem ze strony publiczności. Dotarło do mnie, że w końcu moja pasja, a więc i całe życie, które przecież toczyło się wokół piłki, są doceniane przez innych.

Byłem niezwykle zdeterminowany i zmotywowany. Czułem, że nikt i nic nie jest mnie w stanie zatrzymać w dążeniu do realizacji mojego celu...

Mistrzostwo świata

Kolejne lata upłynęły mi pod znakiem niekończących się podróży między miejscami występów, treningów, studiów w Krakowie czy warsztatów z udziałem młodzieży, które prowadziłem. Cały czas czekałem jednak na ten jeden dzień, dzień mistrzostw świata w trikach piłkarskich, który miał wkrótce nadejść. Był rok 2011. Uznałem, że doświadczenie zdobyte podczas występów publicznych, między innymi w *Mam talent!*, musi pomóc mi w walce z tremą. Założyłem, że The Best Show ROUTINE będzie dla mnie konkurencją flagową. Rok wcześniej zostałem wicemistrzem Europy, ale wciąż brakowało mi dopełnienia w postaci upragnionego tytułu mistrza świata. Można powiedzieć, że całe życie przygotowywałem się na ten dzień, a przez ostatni rok poprzedzający turniej nieustannie ćwiczyłem i zwiększałem trudność pokazów, które miały poprowadzić mnie do zwycięstwa. Potrzebowałem trzech różnych układów, każdy miał zawierać zupełnie inne triki, a najmocniejszy mogłem zaprezentować dopiero w finale. Szczęśliwie z ponad dwustu zawodników najpierw awansowałem do grona trzydziestu dwóch najlepszych, a następnie do finałowej ósemki, choć przyznam szczerze, niewiele brakło, bym się do tej ścisłej czołówki nie wśliznął. Wiedziałem jednak, że na finał mam swój układ o nazwie „Petarda", i jedyne, co może przeszkodzić mi w zwycięstwie, to tylko własne zdenerwowanie i ewentualne błędy w wykonaniu przygotowanego programu. Gdy wyczytano mój ówczesny *freestyle*'owy pseudonim Clyde i wystartowała muzyka, działałem jak w transie! To były jedne z najcięższych trzech minut w całej mojej sportowej karierze. Aby układ był idealnie zestrojony z muzyką, miałem zaplanowane absolutnie wszystko: począwszy od liczby główek, na momentach, w których mogłem ponownie nabrać powietrza w usta, skończywszy. Zrobiłem wszystko, co mogłem, i udało się! Całość wykonałem dokładnie tak, jak zaplanowałem. Ostateczna decyzja należała jednak do sędziów. Nie muszę powtarzać, jak bardzo zależało mi na wygranej. I bynajmniej nie chodziło o nagrody, w tamtych czasach w tej dziedzinie zupełnie nie było sponsorów... Chodziło zwyczajnie o osiągnięcie celu, który postawiłem przed sobą

To były jedne z najcięższych trzech minut w całej mojej sportowej karierze.

lata temu, i o utwierdzenie się w przekonaniu, że moja pasja, która towarzyszy mi przez całe przez życie, w końcu została przez kogoś doceniona. Kiedy dowiedziałem się o zwycięstwie, wykrzyknąłem ile sił: „Yeeesss", i wskoczyłem na podium... Płacz ze szczęścia zostawiłem sobie na później, gdy byłem już sam w pokoju i mogłem zwycięstwem pochwalić się przez telefon rodzinie.

To właśnie dzięki zdobyciu złotego medalu mistrzostw świata zostałem zaproszony na występ podczas Euro 2012. Pojawiłem sie zarówno w teledysku do oficjalnego hymnu całej imprezy (utworu *Endless summer* w wykonaniu solistki o pseudonimie Oceana), jak i na stadionach przed meczami w Polsce i meczem finałowym w Kijowie (gdzie w strefie kibica mój pokaz oglądało ponad siedemdziesiąt tysięcy widzów). Ze swoim programem pokazów *freestyle football* podróżuję po świecie – do 2014 roku odwiedziłem ponad czterdzieści różnych miejsc, choćby tak egzotycznych jak Dubaj czy Abu Zabi.

Wszystko, co robię, kręci się wokół piłki. Nieustannie rozszyfrowuję najróżniejsze triki czy zagrania najlepszych piłkarskich magików. Pomyślałem więc: „Nad nauką każdego triku w celu opanowania go do perfekcji spędziłeś setki godzin. Nie miałeś trenera, doszedłeś do wszystkiego sam tylko i wyłącznie własnym indywidualnym treningiem i uporem. Czemu więc nie wykorzystać tego w taki sposób, aby okiem football freestylera spojrzeć na poszczególne aspekty indywidualnego wyszkolenia technicznego, jaki prezentują najzdolniejsi piłkarze?". I tak oto nastał dzień, w którym zdecydowałem, że czas spróbować przekazać zdobywaną przez całe życie wiedzę szerszemu gronu odbiorców.

Od kilku lat prócz pokazów trików piłkarskich zajmowałem się przecież prowadzeniem swoich autorskich warsztatów. Na jednym z nich w oczach przyszłych piłkarzy dostrzegłem tę samą radość, która napędzała mnie w pogoni za marzeniami. Każdy z nich – gdy wytłumaczyłem mu krok po kroku, w jaki sposób powinien przyłożyć się do danego ćwiczenia, jak wykonać nawet najprostszy zwód danego piłkarza – wiedział, że może grać jak Ronaldinho, Messi, Ronaldo. Tym prostym ćwiczeniem uświadamiał sobie, że zaczynając od marzeń i konsekwentnie zmierzając do celu, może wznieść się kiedyś na poziom, jaki reprezentują największe gwiazdy. Trzeba tylko mocno tego pragnąć oraz uparcie i wytrwale doskonalić swoje umiejętności.

Jak powstał kanał *Trenuj z Krzychem*

Standardowe warsztaty jednak nie wystarczą. Szkolenie dwudziestu osób dziennie to wszak za mało, zważywszy, że nasz kraj liczy prawie czterdzieści milionów mieszkańców. Pytanie zatem, jak dotrzeć z treningiem do większej liczby osób. Wtedy pomyślałem sobie: „Krzychu, tyle godzin zmarnowałeś, oglądając śmieszne koty w internecie... Czas być takim kotem, a właściwie przekotem, jeśli chodzi o piłkę nożną". Tego samego dnia odwiedziłem swój stary kanał na YouTubie, żeby zrobić porządki. Ale myślami byłem już przy nowej odsłonie. Obiecałem sobie na wstępie: „Robię to szczerze, nie mam zamiaru udawać kogoś, kim nie jestem. Nie kreuję się na wielkiego trenera, patrzę jedynie na techniczny aspekt gry w piłkę i mówię prosto z mostu, o co chodzi, tak by każdy mógł zrozumieć i od razu samodzielnie powtórzyć dane zadanie". W pierwszym odcinku na końcu trochę mnie poniosło, bo powiedziałem publicznie: „Od teraz odcinki będą pojawiać się co tydzień". Skoro obiecałem, to nie mogło być inaczej. Mogę śmiało powiedzieć, że *Trenuj z Krzychem* to mój najważniejszy projekt. To właśnie działalność na moim kanale i pomaganie innym w szlifowaniu umiejętności każdego ranka dostarcza mi motywacji do działania. Tak było od początku: pierwsze osoby, pierwsze wiadomości, pierwsze podsyłane zdjęcia i filmy motywowały mnie do jeszcze intensywniejszej pracy. Chcę to robić dla was tak długo, jak tylko będę mógł. Gdy widzę, jak to wszystko się rozwija, cieszę się jak dziecko, jak wówczas gdy pierwszy raz strzeliłem gola (z numerem dziesięć na koszulce).

Tak mocno oddałem się projektowi *Trenuj z Krzychem*, że kiedy przyjechałem w odwiedziny do rodziców i mama zadała mi pytanie, co zamierzam robić dalej, bo skończyłem już przecież studia, odpowiedź nie mogła być inna: „Mamo, dajcie mi chwilę... Wszystko się fajnie układa, a to, nad czym pracuję, wkrótce rozkręci Polskę sportowo...". I rzeczywiście, nie trzeba było długo czekać!

Pierwszym materiałem na moim nowym kanale był film z trikiem od Roberta Lewandowskiego. Wypatrzyłem go w internecie, zgrałem na telefon, przeanalizowałem, szybko nagrałem wykonanie z wyjaśnieniem i to wszystko wrzuciłem na YouTube. Równo dwa lata później, gdy licznik subskrybcji wyniósł już około pół miliona, on sam, jeden z najlepszych na świecie, wystąpił u mnie w odcinku na żywo! Mieliśmy okazję potrenować i wytłumaczyć wam, w jaki sposób można strzelić gola bezpośrednio z rzutu rożnego. A to wszystko dzięki wam, to wy swoim zaangażowaniem i wiarą w projekt *Trenuj z Krzychem* sprawiliście, że ktoś taki jak ja, kto chciał tylko umieć kilka trików jak Ronaldinho, może... podbijać świat z piłką nożną. Zaciągnąłem u was olbrzymi dług: dług wdzięczności – i właśnie między innymi dlatego powstała ta książka. Mam nadzieję, że tego rodzaju poradnik będzie waszym kompanem i pomoże wam odnaleźć swój własny sposób na podwyższanie... niesamowitych umiejętności, bo przecież trenujecie już trochę z Krzychem.

Dostawałem od was setki pytań, który uświadomiły mi, że młodym ludziom zwyczajnie brakuje informacji dotyczących tego, jak rozwijać się piłkarsko. Sam kilkanaście lat temu byłem w podobnej sytuacji – nie miałem zielonego pojęcia, jak poprawić swoją grę, technikę, szybkość i płynność ruchów. Popełniałem masę błędów, nie wiedziałem nawet, jak prawidłowo należy rozgrzać się przed treningiem, jakie wybrać buty czy co jeść przed meczem lub ważnymi zawodami. Aby móc to wszystko zrozumieć, potrzebowałem czasu, w sumie kilkunastu lat. Musiałem przejść drogę sportowca, na początku której wielu z was się w tej chwili znajduje. Mimo że nie zostałem zawodowym piłkarzem, postanowiłem podzielić się z wami doświadczeniem zdobytym we *freestyle football*, omawiając wszystkie czynniki, które wpływają na indywidualną technikę zawodnika. W tym poradniku znalazło się wszystko, co najistotniejsze z punktu widzenia Krzycha Golonki, który całe swoje życie poświęcił, żeby dorównać umiejętnościami swojemu piłkarskiemu idolowi Ronaldinho.

Zaczynajmy więc! Ale zanim przystąpisz do testu Krzycha i zanim zaczniesz poprawiać swoją grę, weź długopis i szybko napisz, proszę, pseudonim piłkarza idola, który inspiruje cię najbardziej.

CHCIAŁBYM GRAĆ JAK

#TRENUJ
zKRZYCHEM

TEST KRZYCHA

SPRAWDŹ SWÓJ PIŁKARSKI POZIOM!

Człowieku, pakuj sprzęt do plecaka – właśnie rozpoczynasz misję!

Misję, której celem jest wzniesienie twoich indywidualnych piłkarskich umiejętności na pięciogwiazdkowy poziom! Witam cię zatem serdecznie w armii Krzycha. Musisz jednak pamiętać, że przynależność do naszej ekipy oznacza jednocześnie akceptację jednej najważniejszej reguły: **Od dziś, trenując, daję z siebie wszystko i wkładam w to całe serce!** Zapamiętaj!

Na początek naszej wspólnej przygody przygotowałem dla ciebie specjalny test Krzycha, dzięki któremu sprawdzisz, na jakim piłkarskim poziomie jesteś aktualnie. Obiecaj mi, że zadania będziesz wykonywał rzetelnie, a wyniki odnotowywał uczciwie. Pamiętaj, że robisz to tylko i wyłącznie dla siebie. To właśnie ty jesteś swoim osobistym trenerem! Dzięki prawidłowemu wykonaniu testu szybko dowiesz się, które rozdziały książki okażą się dla ciebie najbardziej pomocne, a które elementy gry to dla ciebie pestka. Test możesz wykonać sam, ale jeśli wolisz, możesz zaangażować do rywalizacji kolegę – będziecie mieć sporo frajdy.

WYSTARCZĄ CI

- piłka nożna i trochę umiejętności
- boisko z bramką pięciometrową (klasyczne orliki tutaj sprawdzają się najlepiej)
- metr do dokonywania pomiarów odpowiednich odległości (z mierzeniem typu „trzy kroki" różnie bywa, a szkolna linijka może być zwyczajnie za krótka)
- znaczniki piłkarskie lub na przykład kamyczki, plecaki, w skrajnych przypadkach zeszyty (jakby co, to nie ja wam taki pomysł podrzuciłem)
- taśmę lub sznurek, żeby zrobić bramkę na miarę areny treningowej FIF-y!

Test Krzycha

Czeka na ciebie dziesięć zadań do wykonania z piłką i bez niej. Dzięki nim przetestowane zostaną twoje umiejętności w zakresie: kontroli piłki, celności, zwinności, szybkości, precyzji i wytrzymałości (dowiesz się, jakim piłkarskim koksem jesteś). Chwyć długopis w dłoń i koniecznie zapisz datę testu, bo możesz być pewien, że jeśli zrobisz ten test raz jeszcze po wykonaniu wszystkich ćwiczeń z książki, twoje wyniki cię zaskoczą! Do roboty, człowieku!

1 Na początek sprawdźmy, jak panujesz nad piłką. Czas na kapki, żonglerkę, kulanie – nazewnictwo jest dosyć zróżnicowane, w zależności od tego, gdzie mieszkasz. W każdym razie na pewno wiesz, o co chodzi! Aby w pełni rozeznać się w zakresie twojej kontroli piłki, skorzystamy z aż czterech rodzajów zadań. Uwaga: test przygotowałem dla dwóch grup wiekowych, w zależności od tego ustalana jest też punktacja (będziesz przyznawał sobie gwiazdki od jednej do czterech).

Żonglerka nogami (lewa, prawa)

Twoim zadaniem jest żonglować piłką stopami najdłużej, jak się da, tak jakbyś chciał pobić rekord! Koniecznie naprzemiennie: raz lewa, raz prawa stopa. Ugnij lekko kolana i uderzaj piłkę obciągniętą stopą w centralnym jej punkcie. Najlepiej tą częścią buta, gdzie zaczynają się sznurówki. Twoje ciało powinno być wyprostowane, głowa delikatnie pochylona do przodu, ręce swobodnie opuszczone, a wzrok cały czas skierowany na piłkę. Podczas uderzenia możesz nadawać piłce delikatną rotację ku sobie. Pamiętaj, aby podbijać futbolówkę obydwiema nogami i nie wyżej niż na wysokość twoich kolan.

Przed tobą trzy próby. Zapamiętaj liczbę powtórzeń w najlepszej próbie. Żonglerkę rozpoczynamy, rzucając sobie piłkę rękoma.

do 13 lat		ponad 13 lat	
do 2 żonglerek	1 ★	do 5 żonglerek	1 ★
do 5 żonglerek	2 ★	do 10 żonglerek	2 ★
do 10 żonglerek	3 ★	do 20 żonglerek	3 ★
ponad 10 żonglerek	4 ★	ponad 20 żonglerek	4 ★

Żonglerka głową

Mimo że w nazwie naszej ulubionej dyscypliny sportowej występuje słowo „nożna", pamiętajcie, że przecież nie tylko o nogi chodzi! Gra głową odgrywa bardzo istotną rolę w każdym meczu. Po pierwsze, trzeba nią po prostu myśleć (tak! nie wystarczą umiejętności techniczne ani kondycja), ale o tym później. Po drugie, podejrzewam, że średnio co trzeci gol pada właśnie po uderzeniu piłki tą właśnie częścią ciała. Sprawdźmy zatem, jak kontrolujesz piłkę głową.

Zatem piłka w dłonie, i do dzieła! Podrzucaj piłkę na wysokość około trzydzieści centymetrow nad głową. Przyjmij odpowiednią pozycję: szeroko rozstaw nogi, ugnij kolana, a także ręce w łokciach, kierując dłonie ku górze, oraz odchyl swoje ciało do tyłu. Piłkę uderza się górną częścią czoła, lecz o sile jej wybicia decydować powinna nie tylko głowa, ale całe nasze ciało. Pamiętaj o odpowiednim balansie ciałem.

Przed tobą trzy próby. Zapisz tylko najlepszy wynik.

do 13 lat		ponad 13 lat	
do 2 podbić	1 ★	do 5 podbić	1 ★
do 5 podbić	2 ★	do 10 podbić	2 ★
do 10 podbić	3 ★	do 20 podbić	3 ★
ponad 10 podbić	4 ★	ponad 20 podbić	4 ★

Żonglerka piłki nogą nad głową

Jest to ćwiczenie, które sprawdzi, jak radzisz sobie z opanowaniem piłki w sytuacjach, w których twoim zadaniem jest uderzyć ją bezpośrednio po długim podaniu w powietrza. O tym, czy taki strzał zakończy się zdobyciem bramki, decydują przecież detale wynikające z ułożenia twojej stopy.

Zatem piłka w dłonie i zaczynaj! Ćwiczenie podzielone jest na dwa etapy – najpierw sama prawa noga, potem lewa. Rzucaj piłkę swobodnie, uginaj kolana i pamiętaj, że stopa musi być maksymalnie obciągnięta. Piłkę uderzaj w znacznie wyższym punkcie niż w przypadku żonglerki – najbezpieczniej robić to mniej więcej na wysokości kolan. Nie nadajesz piłce żadnej rotacji

– powinna się unosić, właściwie nie obracając się dookoła własnej osi w locie.

Przed tobą po trzy próby. Pamiętaj, że podbicia uznajesz za udane tylko wtedy, gdy piłka powędruje nad twoją głowę. Zapisujesz najlepszy wynik.

do 13 lat		ponad 13 lat	
0 lub 1 podbicie	1 ★	do 3 podbić	1 ★
do 3 podbić	2 ★	2–7 podbić	2 ★
3–5 podbić	3 ★	3–10 podbić	3 ★
ponad 5 podbić	4 ★	ponad 10 podbić	4 ★

Żonglerka od ściany

Techniki przyjęcia, podań, gry z klepki... jest tego sporo, prawda? Sprawdźmy zatem w prosty sposób, na jakim poziomie władasz śmigającą piłką. Oprócz piłki potrzebna jest ściana i oczywiście gracz, czyli ty. Powinieneś znajdować się mniej więcej półtora metra od ściany. Przyjmij pozycję na mocno ugiętych nogach. Twoim zadaniem będzie odbijać od ściany piłkę w powietrzu, tak by nie miała kontaktu z podłożem, a więc według reguły: noga, ściana, noga, ściana... Na wszelki wypadek sugeruję wybrać ścianę bez okien... Pamiętaj, że masz tylko jeden kontakt z piłką. Nie wolno ci więc żonglować nią dla wyratowania się z opresji. Natychmiast po uderzeniu przyjmij postawę pełnej gotowości i już wtedy staraj się przewidzieć, w którą stronę trzeba będzie zerwać się do piłki. W tym przypadku dam ci taryfę ulgową – możesz szaleć z piłką dowolnie wybraną nogą, jak ci będzie dogodniej.

Przed tobą trzy próby. Zapisz tylko najlepszy wynik.

do 13 lat		ponad 13 lat	
0 lub 1 podbicie	1 ★	do 3 podbić	1 ★
do 2 podbić	2 ★	do 5 podbić	2 ★
do 4 podbić	3 ★	do 10 podbić	3 ★
ponad 4 podbicia	4 ★	ponad 10 podbić	4 ★

2 Zweryfikowałeś wstępnie swoje umiejętności kontroli nad piłką. Przechodzimy zatem na poziom drugi testu, co mam nadzieję, będzie dla ciebie oznaczało dobrą zabawę. Sprawdź swoją celność! Do tego ćwiczenia będzie potrzebna bramka – typowa, jak na każdym boisku orlik, o wymiarach pięć metrów szerokości i dwa metry wysokości – oraz taśma lub sznurek, dzięki którym bramka stanie się swoistą areną treningową, jak w FIF-ie. Czy pamiętasz, jak tam strzela się do odpowiednich pudełek? Taśmę lub sznurek zawieszamy na poprzeczce w odległości pół metra od słupka – pionowo w dół, niech „zwisa" aż do samej ziemi. Robisz to po obydwu stronach bramki. Teraz dzielisz powstałe obszary jeszcze raz na pół – tym razem w poziomie. Przeciągasz taśmę od słupka do słupka, tak by znajdowała się w połowie ich wysokości. Tym samym wyznaczyłeś trzy obszary: dwa górne rogi, dwa dolne rogi i resztę przestrzeni bramki.

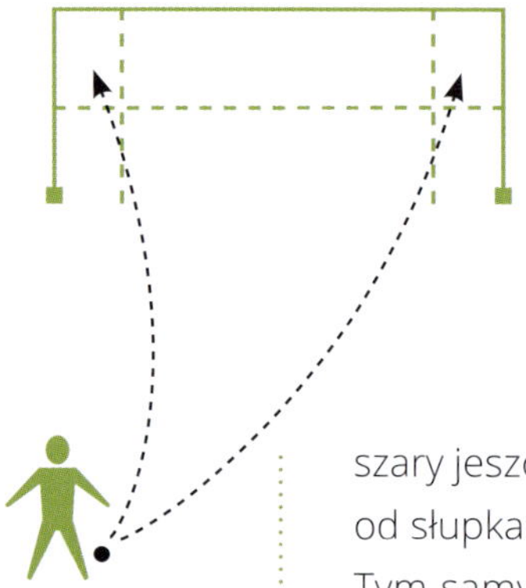

Odległości od bramki dla grup wiekowych:
- **do 13 lat – 6 metrów od bramki (rzut karny orlika)**
- **ponad 13 lat – 9 metrów od bramki (pole karne orlika).**

Podczas ćwiczenia przyjmij pozycję:
- **na wprost prawego słupka i uderz**
  – trzykrotnie lewą nogą w kierunku dłuższego słupka
  – trzykrotnie lewą nogą w kierunku prawego słupka

- **na wprost lewego słupka i uderz**
  – trzykrotnie prawą nogą w kierunku dłuższego słupka
  – trzykrotnie prawą nogą w kierunku prawego słupka.

Punktacja:
- **gol 1 pkt**
- **dolny róg 2 pkt**
- **górny róg 3 pkt**

Punktacja końcowa – sumujemy wszystkie strzały (pkt).

do 13 lat		ponad 13 lat	
do 4 pkt	2 ★	do 8 pkt	2 ★
4–10 pkt	4 ★	do 18 pkt	4 ★
do 18 pkt	6 ★	do 28 pkt	6 ★
ponad 18 pkt	8 ★	ponad 28 pkt	8 ★

3 Arena do gry pozostaje ta sama, ale tym razem sprawdzimy, jak poradzisz sobie, kiedy uderzenie piłki wyprowadzisz w biegu. Stań w pozycji tyłem do bramki, w odległości trzech metrów przed sobą ustaw znacznik. Ćwiczenie wykonuj, stojąc na wprost bramki. Twoim zadaniem jest poprowadzenie piłki obok niego, nawrót z nią i uderzenie w światło bramki. Ćwiczenie wykonaj trzy razy każdą nogą. Tak jak w poprzedniej konkurencji punktowane są poszczególne obszary bramki.

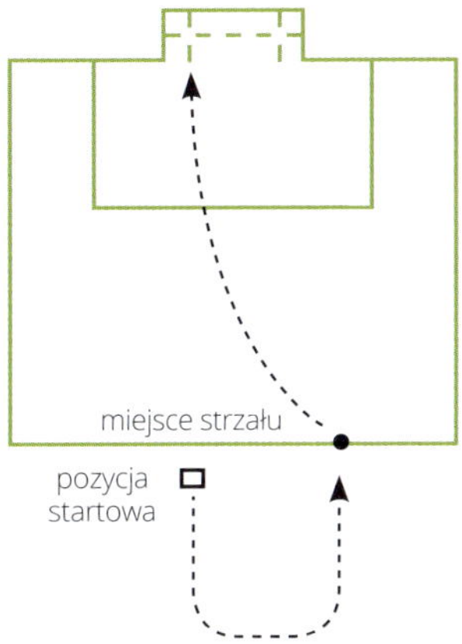

Punktacja:

- **gol 1 pkt**
- **dolny róg 2 pkt**
- **górny róg 3 pkt**

Odległości od bramki dla grup wiekowych:

- **do 13 lat – 6 metrów od bramki (rzut karny orlika)**
- **ponad 13 lat – 9 metrów od bramki (pole karne orlika).**

Punktacja końcowa – sumujemy wszystkie strzały (pkt).

do 13 lat		ponad 13 lat	
do 3 pkt	2 ★	do 5 pkt	2 ★
do 6 pkt	4 ★	do 9 pkt	4 ★
do 9 pkt	6 ★	do 13 pkt	6 ★
ponad 9 pkt	8 ★	ponad 13 pkt	8 ★

4 Kolejnym elementem, który wyróżnia każdego człowieka z armii Krzycha, jest jego szybkość. Będzie potrzebny tradycyjny stoper lub telefon ze stoperem. Ustaw piłkę na linii, a następnie odmierz od niej odległość piętnastu metrów (koniecznie weź z domu metr, kroki krokom nierówne). Gdy już zmierzysz długość owej piłkarskiej bieżni, połóż znacznik. Twoim zadaniem jest w jak najkrótszym czasie, prowadząc piłkę od linii, obiec znacznik i wrócić na linię startu. Masz więc do pokonania łącznie trzydzieści metrów. Piłkę prowadź blisko przy nodze – nie wolno jej wypuścić ani biec za nią. Podczas pokonywania dystansu musi nastąpić przynajmniej osiem kontaktów piłki z nogą (cztery w kierunku znacznika i cztery w przeciwnym). Na koniec piłkę należy zatrzymać podeszwą stopy na linii.

Przed tobą dwie próby. Zapisz tylko najlepszy wynik.

do 13 lat		ponad 13 lat	
ponad 20 sekund	2 ★	ponad 12 sekund	2 ★
15–20 sekund	4 ★	10–12 sekund	4 ★
12–15 sekund	6 ★	8–10 sekund	6 ★
do 12 sekund	8 ★	do 8 sekund	8 ★

5 Jak myślisz, na ile zasługujesz gwiazdek w kategorii zwinność? Sprawdźmy to! Będzie potrzebny tradycyjny stoper lub telefon ze stoperem. Na naszym Santiago Benakrzycheu tworzysz, używając pięciu znaczników, klasyczną prostokątną kopertę. Cztery znaczniki stanowią jej boki, a jeden znajduje się na samym jej środku. Boki prostokąta mają długość kolejno: cztery, sześć, cztery i sześć metrów. Ustaw się z piłką w prawym dolnym rogu stworzonej koperty. Zadanie polega na tym, aby jak najszybciej prowadzić piłkę kolejno: do środka, następnie do lewego dolnego narożnika, do lewego górnego narożnika, znów do środka, do prawego górnego narożnika i wreszcie do dolnego prawego, stanowiącego metę. Stoper należy zatrzymać w momencie, gdy ciało zawodnika

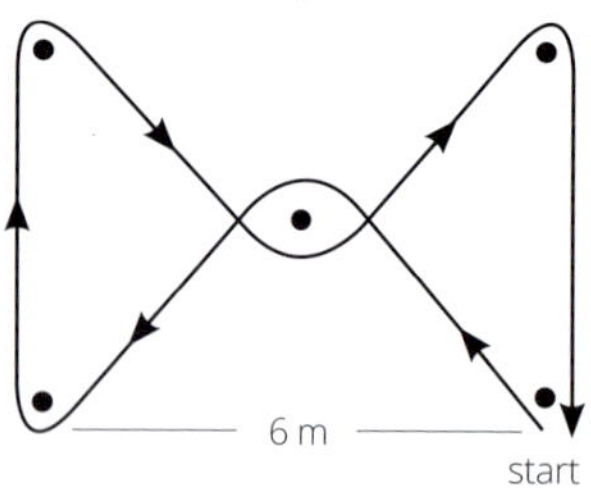

mija linię mety. Pamiętaj, żeby robić to dokładnie i żeby zawsze zagarniać piłkę nogą dalszą od znacznika – dzięki temu będzie po prostu łatwiej wykonać ćwiczenie.

Przed tobą dwie próby. Zapisz tylko najlepszy wynik.

do 13 lat		ponad 13 lat	
ponad 20 sekund	2 ★	ponad 15 sekund	2 ★
16–20 sekund	4 ★	12–15 sekund	4 ★
14–16 sekund	6 ★	10–12 sekund	6 ★
do 14 sekund	8 ★	do 10 sekund	8 ★

6 Czy piłkarski golf może stanowić o umiejętnościach piłkarskich? Pewnie, że tak. W taki właśnie sposób sprawdzimy, jak panujesz nad czuciem swojego uderzenia, jak radzisz sobie z precyzją i doborem odpowiedniej siły uderzenia. Zadanie polega na trafieniu jak najbliżej środka boiska, w okolice punktu, gdzie rozpoczyna się każdy mecz. Sprawdzasz trzy pozycje i uderzasz kolejno lewą i prawą nogą. Piłkę mierzysz jak na matematyce – promień od środka naszego celu.

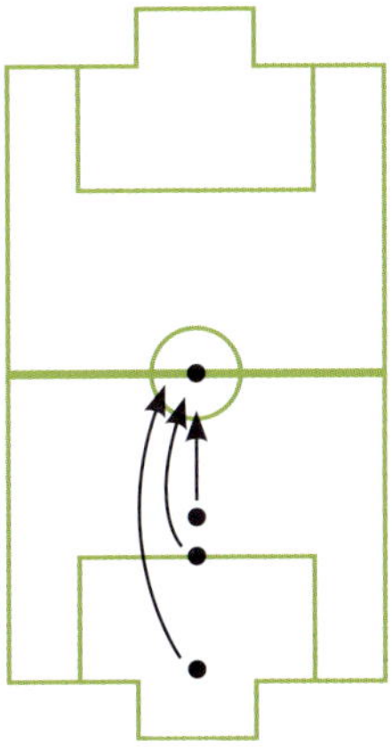

Pozycja pierwsza: **połowa połowy boiska**

do 13 lat				ponad 13 lat			
lewa noga		prawa noga		lewa noga		prawa noga	
ponad 8 m	1 ★	ponad 8 m	1 ★	ponad 5 m	1 ★	ponad 5 m	1 ★
4–8 m	2 ★	4–8 m	2 ★	2–5 m	2 ★	2–5 m	2 ★
2–4 m	3 ★	2–4 m	3 ★	1–2 m	3 ★	1–2 m	3 ★
do 2 m	4 ★	do 2 m	4 ★	do 1 m	4 ★	do 1 m	4 ★

Pozycja druga: **okrąg pola karnego**

do 13 lat				ponad 13 lat			
lewa noga		prawa noga		lewa noga		prawa noga	
ponad 8 m	1 ★	ponad 8 m	1 ★	ponad 5 m	1 ★	ponad 5 m	1 ★
4–8 m	2 ★	4–8 m	2 ★	2–5 m	2 ★	2–5 m	2 ★
2–4 m	3 ★	2–4 m	3 ★	1–2 m	3 ★	1–2 m	3 ★
do 2 m	4 ★	do 2 m	4 ★	do 1 m	4 ★	do 1 m	4 ★

Pozycja trzecia: linia bramki

do 13 lat				ponad 13 lat			
lewa noga		**prawa noga**		**lewa noga**		**prawa noga**	
ponad 8 m	1 ★	ponad 8 m	1 ★	ponad 5 m	1 ★	ponad 5 m	1 ★
4–8 m	2 ★	4–8 m	2 ★	2–5 m	2 ★	2–5 m	2 ★
2–4 m	3 ★	2–4 m	3 ★	1–2 m	3 ★	1–2 m	3 ★
do 2 m	4 ★	do 2 m	4 ★	do 1 m	4 ★	do 1 m	4 ★

7 Jako że wymęczyłem cię nieco na boisku, czas na chwilę odpoczynku przed częścią wytrzymałościową. Zastanawiałeś się kiedyś, ile zwodów w życiu wykonałeś podczas meczu? Odpowiedz sobie na to pytanie szczerze, zanotuj wynik i... nazwij je – nawet po swojemu.

....

....

....

8 W tej książce nie mogło zabraknąć rozdziałów poświęconych podstawowym elementom przygotowania fizycznego (motorycznego) sportowców poza boiskiem. Ze swej strony obiecuję ci, że po zastosowaniu zaproponowanych przeze mnie sposobów ćwiczeń w kilka tygodni zrobisz olbrzymie postępy w tym zakresie. Sprawdźmy zatem twoje możliwości.

Zacznij od klasycznych brzuszków. Przyjmij odpowiednią pozycję: ułóż się na wznak (plecy płasko), a następnie podciągnij kolana, aby były skierowane ku górze. Twoje stopy powinny dotykać ziemi całą powierzchnią, a ręce znajdować się za twoją głową. Weź wdech, a następnie podnieś tułów w trakcie wydechu. Masz na to trzydzieści sekund. Ile poprawnych brzuszków jesteś w stanie wykonać w tym czasie? Zapisz swój wynik.

....

9 „Jest pompa" – jak mawiał Robert Burneika *vel* Hardkorowy Koksu w jednym z moich odcinków. Czas, byś pokazał, ile pompek jesteś w stanie wykonać. Jaki jest bądź okaże się twój rekord? Ręce rozstaw na szerokość barków, dłonie skieruj do przodu. Patrz w kierunku podłogi. Łącz nogi i uginaj ramiona w stawach łokciowych w taki sposób, aby niemal dotykać podłoża. Zapisz swój wynik.

. . . .

10 No to w dechę, czas na planka! Ostatnie ćwiczenie w teście angażuje prawie całe ciało, a wygląda bajecznie prosto. Połóż się na brzuchu, ugnij ręce w łokciach pod kątem prostym i oprzyj się na przedramionach. Pamiętaj, żeby barki znajdowały się równo nad łokciami. Napinasz brzuch, unosisz się na palcach stóp. Pamiętaj, nie wolno wypinać pośladków. Wytrzymujesz, jak długo się da. Maksymalnie do swoich możliwości. Zapisz swój czas.

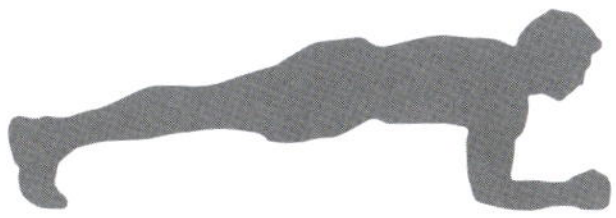

. . . .

Człowieku, na początek to tyle, jeśli chodzi o szybkie sprawdzenie twoich umiejętności. Teraz zsumuj, proszę, wszystkie gwiazdki (punkty) i sprawdź, w której lidze się znajdujesz. Pamiętaj, to dopiero twój pierwszy sprawdzian. Do testu wracaj co jakiś czas, żeby na bieżąco sprawdzać postępy.

Liczba gwiazdek
(punktacja całościowa)

0–5 ★	Piłkarz B klasy
5–10 ★	Piłkarz piątej ligi
10–15 ★	Piłkarz trzeciej ligi
15–20 ★	Piłkarz pierwszej ligi
20–25 ★	Piłkarz Ekstraklasy
25–30 ★	Piłkarz Premier League
30–35 ★	Piłkarz Bundesligi
35–40 ★	Piłkarz Primera Division
40–45 ★	Zwycięzca Ligi Europy
45–50 ★	Zwycięzca Ligi Mistrzów
50–55 ★	Zwycięzca Mistrzostw Europy
55–60 ★	Zwycięzca Mistrzostw Świata
ponad 60 ★	Zdobywca złotej piłki

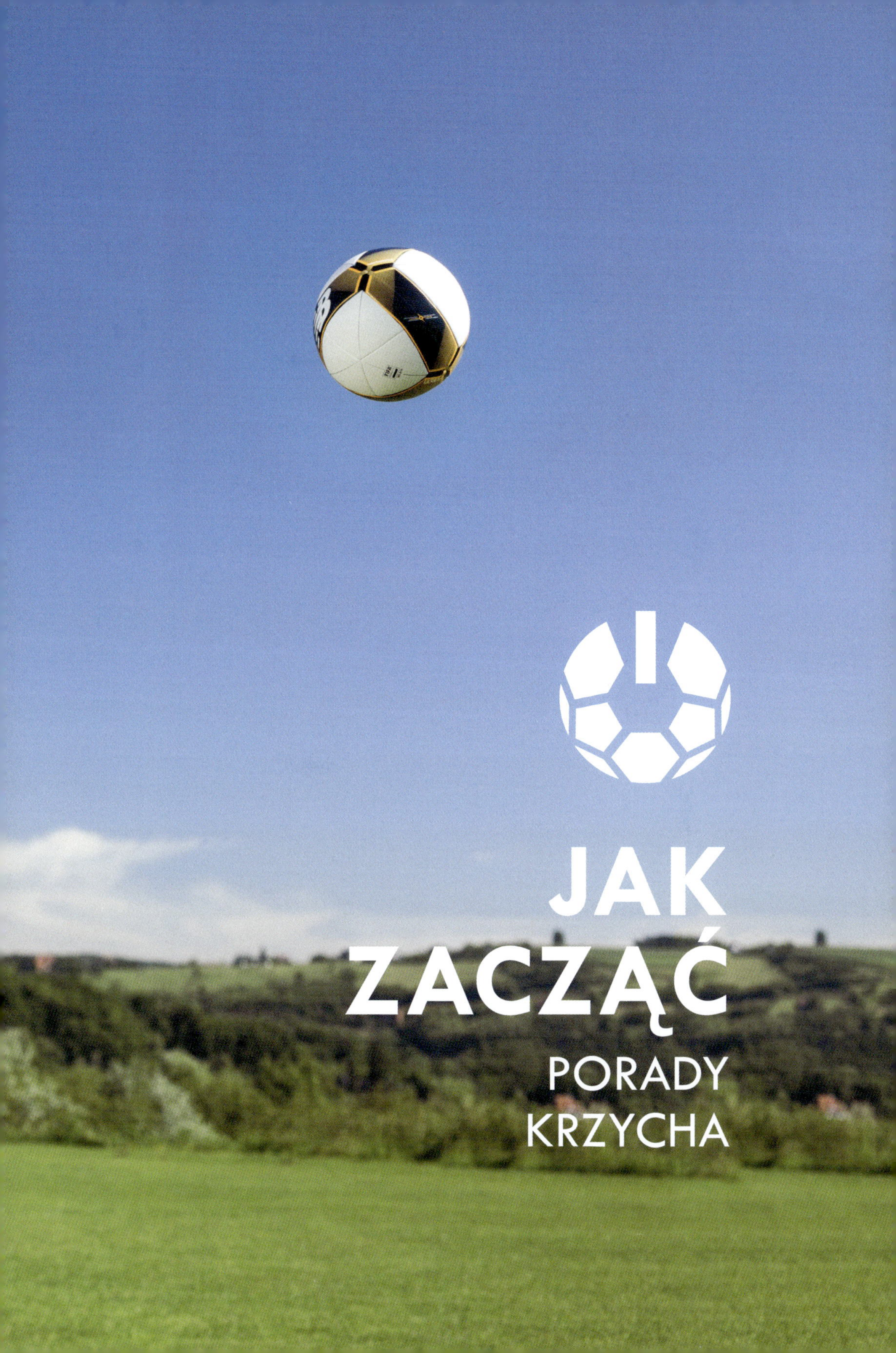

JAK ZACZĄĆ

PORADY KRZYCHA

Motywacja – bez niej ani rusz

Wydawałoby się, niby prosta rzecz powiedzieć: pędź na boisko i biegaj, ile sił w nogach! Jest w tym sporo prawdy. Moim zdaniem talent to zaledwie jakieś dziesięć procent sukcesu. O reszcie zadecyduje tylko i wyłącznie twoja praca nad własnymi umiejętnościami zarówno w sferze sportowej, jak i mentalnej. Niestety, niewielu początkujących zawodników zdaje sobie z tego sprawę. Ja, mając naście lat, nie wpadłem na to, że o mój piłkarski potencjał zależy nie tylko od tego, co „mam w nogach", lecz też od odpowiedniego podejścia do mojej największej pasji. Wyznaczyłem sobie konkretny cel i uparcie trzymałem się go każdego dnia, kiedy wychodziłem na trening. Nie interesowało mnie zupełnie, co myśleli o tym inni. Gdy bowiem raz czy dwa zwierzyłem się głośno z moich futbolowych marzeń, od razu trafił mnie pocisk w postaci ironicznych uwag – zostałem po prostu wyśmiany. Było mi przykro, ale szybko powracałem myślami do marzeń. Uparłem się, że mimo wszystko będę dążył do ich realizacji, i nie patrząc na to, co mówią inni, robiłem swoje. Teraz, kiedy jestem starszy, podchodzę do tego racjonalniej.

Dlaczego osoba, którą spotykam może raz czy dwa razy w życiu, która nie wie, jakim jestem człowiekiem, co sprawia mi radość i co dla mnie stanowi sens życia, ma prawo decydować o tym, co mam robić

lub nie?! Człowieku, kieruj się jak ja jedną bardzo prostą zasadą: ilu ludzi, tyle pasji, tyle charakterów... I tyle niesamowitych osobowości... Według mnie tylko one stają się w dzisiejszych czasach mistrzami, ekspertami w danych dziedzinach i za ich radami, cennymi uwagami podąża cały świat.

Z tego rozdziału dowiesz się, jak radzić sobie z własną motywacją, a raczej z czasowym jej brakiem... Wiem, że różnie bywa. Marzenia, wizje przyszłości potrafią być wspaniałe, *cool*. Ale co jeśli zwyczajnie nie chce się czegoś robić? Człowieku, najlepsi piłkarze też są tylko ludźmi... tak samo jak ty mają różne nastroje i różne dni: lepsze i gorsze. Ich forma niekiedy daleko odbiega od ideału. Mimo to potrafią ją odbudować i wrócić na szczyt w momencie, kiedy nikt się tego po nich nie spodziewa.

Spróbujmy zatem przyjrzeć się **siedmiu cechom**, dzięki którym możesz kiedyś zastąpić nawet samego Cristiano Ronaldo. Zanim jednak do tego przejdziemy, zapamiętaj jedno: nie wolno ci pozwolić, aby inni złamali w tobie wiarę w sens podejmowanych przez ciebie działań.

I nie mówię tego wyłącznie w swoim imieniu. To samo powtórzy każdy sportowiec, który stanął na najwyższym stopniu podium i spełnił swoje marzenia. Los bywa przewrotny i za kilka lat może się okazać, że ci sami ludzie, którzy niegdyś uparcie podważali sens tego, co robisz, nagle zapomnieli o wszystkim, co mówili, i dzisiaj stoją w kolejce po twój autograf czy po bilety na mecz, aby bić ci brawo i kibicować z trybun.

7 cech dobrego sportowca

1

Wyznacz sobie swoje własne cele, jak Ronaldo

Oczywiście każdy z nas ma swoje życiowe cele. Ale prawda jest taka, że po prostu mało kto podchodzi do tego poważnie. Mówimy: chcę być jak Ronaldo czy Messi... I bardzo słusznie, tyle że z czasem pojawiają się problemy. Perspektywa dotarcia do celu wydaje nam się zbyt odległa, a one same niemożliwe do osiągnięcia, tak że, niestety, gubimy je gdzieś po drodze. Tymczasem kariera, jaka staje się udziałem największych piłkarzy, to nie dzieło przypadku, jednego szczęśliwego meczu, dobrego zagrania. Zauważ, jak długo na szczycie jest Cristiano Ronaldo. Zanim jednak tam trafił, poświęcił **bardzo wiele czasu** na wspinanie się po szczeblach tej swoistej drabiny. Niech zatem deklaracja: „Chcę być jak…", oznacza niejako szczyt twojej osobistej drabiny. Ale zanim osiągniesz ów szczyt, pokonuj kolejne szczebelki, wyznaczając sobie malutkie cele, które są realnie w twoim zasięgu, a których realizacja przybliży cię do najważniejszego, najwyższego szczebla. Przykładowo, masz problemy z żonglerką. Podejdź do tego spokojnie. Wyznacz sobie twój pierwszy (mały) cel: najpierw podbić trzy razy. Gdy ci się to uda, podnieś sobie poprzeczkę do dziesięciu, potem do dwudziestu, już obydwiema nogami. W ten sposób staraj się postępować z wszystkimi zadaniami. Niech przyświeca ci idea małych kroków. Dziś twoim celem może być dostanie się do składu drużyny klasowej, za tydzień występ w meczu klubowym, za dwa tygodnie strzelenie pierwszej bramki, a za miesiąc wystąpienie w młodzieżowej reprezentacji Polski. Swoje cele, statystyki, trafienia zapisuj w dzienniku na końcu książki – ten poradnik jest właśnie po to! Kto wie, jak wszystko się potoczy, jednak pamiętaj, że w karierze sportowca wszystko ma swój czas i odpowiednią kolejność.

2

Bądź zdeterminowany jak Lewandowski

Jeśli już wyznaczyłeś swoje cele, drugą twoją najważniejszą cechą jest determinacja. Kariera sportowca, niezależnie od tego, czy masz siedem czy już osiemnaście lat, to natychmiastowe zobowiązanie do prowadzenia odpowiedniego trybu życia. Musisz pilnować się samemu i brać za to pełną odpowiedzialność. Trener, rodzice czy ja w tej książce możemy ci tylko podpowiadać. Najważniejsze, żebyś był również sam dla siebie trenerem. Wszyscy piłkarze światowej klasy, z jakimi miałem okazję spotkać się i trenować, jednym głosem mówili, że o ich sile nie decydowały tylko treningi pod okiem klubowego trenera. Każdy z nich drugie tyle czasu poświęcił na samodzielne indywidualne szkolenie, po to aby w przyszłości zaskoczyć trenera i rywali na boisku. Musisz być bardzo zdeterminowany i codziennie skupiać się na rozwijaniu swoich umiejętności. Musisz budzić się rano z przekonaniem, że ten dzień – i każdy kolejny – jest dla ciebie i dla twojej kariery tak samo ważny. A zasypiając, odpowiedz sobie na pytanie, czy dziś rzeczywiście dałeś z siebie wszystko.

3

Bądź pewny siebie (ale czy jak Ibrahimović?!)

Są różne szkoły pewności siebie. Jedni, jak choćby Zlatan Ibrahimović, okazując ją wręcz ostentacyjnie, chcą wzbudzić respekt i postraszyć przeciwników. U innych przejawia się ona wyłącznie w ich zagraniach na boisku. Wybór należy do ciebie. Z punktu widzenia czysto sportowego obie metody są dobre, jeśli pomagają przynieść rezultaty w postaci skutecznej gry na boisku. Bądź jednak świadomy i mądrze wykorzystuj pewność siebie. Nikogo nie udawaj! Wyobrażasz sobie, że Messi mówi: „Akinfenwa, chodź na solówkę"?! Każdy ma inne atuty, musi tylko wiedzieć, jak je odpowiednio wykorzystać. Pamiętaj, że przecież poświęcasz na trening poszczególnych zagrań dużo czasu, pokaż je więc podczas meczu na boisku – jeden raz, drugi, a staną się twoim nawykiem i zupełnie zapomnisz o presji. Jesteś szybki, zwinny, masz mocne uderzenie? Uczyń z jednego z twoich atutów „firmowe" zagranie, z którym z czasem będą cię identyfikować, i udowodnij, że inni mogą się tego od ciebie uczyć. To w jeszcze większym stopniu dodaje pewności siebie.

4

Bądź kreatywny jak Pogba czy raczej jego... fryzjer

Wiem, wiem, nuda, cały czas trenujesz to samo... Skoro, przykładowo, wystrzałową formę mojego imienia Krzychu można zastąpić inną, jak Krzysztof, Krzyś, Krzysiaczek, i ja będę wiedział że o mnie chodzi (no, z tym Krzysiaczkiem to trochę przesada), to czemu nie urozmaicić twojej zabawy czy treningu z piłką. Czasem delikatna zmiana w sposobie gry może zupełnie odmienić twoje nastawienie do futbolu! Każdy element możesz szkolić na kilka sposobów, nie ma jednego uniwersalnego ćwiczenia! Poszukuj, modyfikuj, kombinuj. To ty przede wszystkim jesteś swoim trenerem, czasem z pozoru prosta zabawa – nawet w postaci strzałów w poprzeczkę, z bliska, z daleka, z biegu, w powietrzu – może niesamowicie uwydatnić twoje umiejętności. Podchodź entuzjastycznie do treningów i w ogóle do życia, bądź pozytywnie nastawiony, zmieniaj się i nigdy nie popadaj w monotonię... (patrz na fryzurę Pogby).

5

Słuchaj muzyki jak Kuba Błaszczykowski

Masz ulubiony utwór, melodię, które kojarzą ci się z dobrymi chwilami w życiu, z twoimi sukcesami, wygranymi? Budzi w tobie pozytywne emocje? Wykorzystaj to. Stwórz własną playlistę, która dodatkowo cię zmotywuje i zagrzeje do walki, pozwoli ci się skoncentrować i zagrać na maksimum twoich możliwości. Jeśli masz wolną chwilę przed meczem, załóż słuchawki, włącz muzykę, zamknij na moment oczy i przypomnij sobie najlepsze akcje, które udawały ci się podczas treningów, gdy tę muzykę słyszałeś gdzieś w tle. Czas najwyższy powtórzyć te zagrania podczas meczu. Nie powiem ci, czego masz słuchać, każdy przecież lubi co innego, to ma być po prostu twój wybór, twoja muzyka. Dla przykładu, Kuba Błaszczykowski przed ważnymi meczami słucha polskiego hip-hopu i piosenek Eldo. Ale jeżeli ty preferujesz Tiësto, wykorzystaj to i uczyń z tego swój dodatkowy motywator.

6

Przypominaj sobie swoje zagrania jak Ronaldinho

Bardzo często umyka nam wiele ważnych rzeczy. Może się zdarzyć, że wychodzisz na trening czy mecz bez odpowiedniego przygotowania mentalnego. Zwyczajnie za dużo się dzieje, szybka akcja, natychmiastowa decyzja i… fail, a przecież kiedyś podobno ci to lajtowo wychodziło. Ronaldinho każdą akcję, którą rozegrał na meczu, setki, jeśli nie tysiące razy przećwiczył wcześniej na treningach. Naszym częstym błędem jest to, że zwyczajnie zapominamy o tym, na co poświęciliśmy dużo czasu. Popraw to natychmiast, staraj się przypominać sobie poszczególne zagrania. Teoretycznie wszystko wiemy, a potem nagle w momencie przyjęcia piłki zabiera nam ją przeciwnik, bo zapomnieliśmy zastawić się drugą nogą. Są pewne rzeczy, które wykonuje się niejako automatycznie, jednak liczba potencjalnych zagrań jest tak ogromna, że nie da się ich wszystkich zapamiętać bez wcześniejszego przemyślenia. Wykorzystaj trenowane wcześniej elementy, powtórz je kilkakrotnie, przypomnij sobie, o co w nich chodziło, i z dużą dozą pewności siebie zastosuj je na boisku.

7

Oglądaj najlepsze akcje najlepszych piłkarzy świata jak Krzychu

Odpal net, a po obejrzeniu już wszystkiego, co można zobaczyć na kanale *Trenuj z Krzychem*, wpisz w wyszukiwarce *football legend*. Znajdziesz filmy z najciekawszymi akcjami piłkarskimi z całego świata. Legendarne gole z mistrzostw, *Dudek dance* czy wiele innych momentów, które zapisały się na stałe na kartach historii futbolu. Ja tak robiłem i mocno wierzyłem, że wkrótce takie filmy będą robić o mnie. Gdy już się nastroisz, otwórz odpowiedni rozdział tego poradnika, bo nic cię już nie może zatrzymać!

new balance

KRZYCH RADZI

JAK DOBRAĆ ODPOWIEDNI SPRZĘT

Jesteś już gotowy? Masz power? Piękna pogoda za oknem?

U mnie, kiedy piszę te słowa, tak właśnie jest. Chcesz jak najszybciej wyskoczyć z domu i podbić świat z piłką nożną? Motywacja jest, humor jest, boiska wolne są, bo wszyscy znajomi losują właśnie skrzynki w Counter-Strike'u... Czego ci trzeba więcej? Prosta odpowiedź: butów i piłki. Teoretycznie sprawa wydaje się dosyć prosta, przecież kopać można we wszystkim – zarówno w trampostrzałach, kościołowych, jak i boso. Sęk w tym, że buty, w których trenujesz, mają cię wspierać – a nie być dla ciebie kulą u nogi. Grając w nich, powinieneś czuć się pewnie i prezentować w nich swoje najlepsze umiejętności, a nie każdorazowo zastanawiać się czy obawiać, jak daleko odskoczy ci piłka podczas jej przyjęcia. Nawet najmniejsze niedopasowanie czy zwykła nieumiejętność w ich doborze może być po prostu zagrożeniem dla twojego zdrowia.

Nikt z nas nie chce się przecież z takiego powodu nabawić kontuzji. Sam, grając w piłkę nożną i trenując *freestyle*, zużyłem kilkadziesiąt różnych par. Zaczynałem od typowych trampek, w których ćwiczyłem na WF-ie, takich z pomarańczową podeszwą. Każdego miesiąca musiałem kupować trzy nowe pary. Potem miałem droższe buty treningowe, a następnie w pełni profesjonalne obuwie piłkarskie, na które zbierałem do mojej skarbonki przez rok. Jednak, niestety, przez moją ówczesną niewiedzę kupiłem takie, które nie tylko były niedopasowane do stopy, ale również o numer za duże... Bo przecież zaraz mi stopa urośnie... Był to kardynalny błąd, kompletny niewypał, ponieważ w tamtych butach na nogach nie potrafiłem zapanować nad piłką.

Przejdźmy zatem do konkretów. Powiem ci, co powinneś wiedzieć o wyborze butów, by nie zaliczyć niepotrzebnego faila. Pieniążki, które dzięki temu zaoszczędzisz, wydasz na swoje skryte pragnienia... okej, mogą to być nawet te skrzynki w Counter Strike'u.

Proces pochopnego zakupu zwykle przebiega tak samo. Buciwo zauważasz gdzieś w necie czy telewizji, szybko wpada ci w oko, natychmiast nachodzi cię myśl: „Ależ będę w nich wymiatał...". Bez zastanowienia chcesz je kupić przez internet... Bo jest taniej?! Bo przecież doskonale wiesz, jaki rozmiar domowych kapci nosisz?! STOP! Opamiętaj się! Uwierz mi, buty piłkarskie to wyższa półka, a ich prawidłowy dobór to wyższa szkoła jazdy. Jasne, spoko, wygląd jest istotny, ale najważniejszy ma być komfort ich użytkowania oraz tak zwane czucie piłki. One mają ci ułatwiać grę, przydawać jej polotu i być wsparciem dla twoich umiejętności, a nie odwrotnie. Jeśli zatem nie chcesz nabyć butów, które rychło okażą się bezużyteczne, i nie masz zamiaru wyrzucać pieniędzy w błoto, zanim klikniesz komunikat typu „kup teraz", powinieneś przyjrzeć się każdemu szczegółowi obuwia i sprawdzić, czy dany model pasuje do twojej niepowtarzalnej stopy... Wkładaj co prędzej swoje nóżki do wanienki, obmyj je dokładnie, a gdy już tego dokonasz, weź z sobą wszystkie rodzaje skarpetek i getrów, w jakich przyjdzie ci w nieodległej przyszłości grać w piłkę, pakuj to do plecaka i pędź do najbliższego sklepu, gdzie taki model możesz spokojnie, już bez pośpiechu, przymierzyć. Dopiero wtedy będziesz mógł sprawdzić, czy wszystkie te niesamowite technologie, w jakie są wyposażone owe buciki, okażą się przydatne w przypadku indywidualnego kształtu twojej stopy. Zresztą podobne zasady powinny dotyczyć zakupów obuwia w ogóle, a więc również niesportowego.

Świat się zmienia... Kolejne błyskotliwe przemyślenie! Kiedyś mówiło się: „Kupię mniejszy rozmiar, rozbiją się", albo: „Wezmę większe, przecież zaraz mi noga urośnie i trzeba będzie kupować następne". Obydwa te podejścia są największym błędem, jaki popełniamy przy zakupie butów do gry w piłkę! Po pierwsze, wiem, że z hajsem bywa krucho, i rozumiem to. Musisz jednak wiedzieć, że mając kilka czy kilkanaście lat, niestety, średnio co sezon będziesz musiał zmieniać rozmiar butów sportowych na coraz większy, ponieważ buty muszą być absolutnie dopasowane do stopy. Nie możesz kupić za dużych i wkładać do nich dziesięciu skarpetek, bo twoja technika obniży się do poziomu 2/10. Buciwo, w którym przyjdzie ci podbijać boiska, musi leżeć na stopach idealnie. Inaczej możesz nabawić się kontuzji: skręcenia kostki, stawów skokowych czy nieustających otarć z każdej strony. Zmierz dokładnie długość swojej stopy (w centymetrach), odrysowując jej kształt na białej kartce papieru, zapisz wymiar i szukaj butów, które są dokładnie na twoją miarę. Jeśli zawsze grasz w korkach, mając na sobie getry piłkarskie oraz ochraniacze, koniecznie weź je z sobą do sklepu i włóż w trakcie mierzenia. Zawiąż sznurówki na wszystkie dziurki. Producent nie zrobił ich przecież po to, żeby wywołać przeciąg. Na potrzeby wentylacji wymyślono bardziej wyrafinowane sposoby. Przejdź się po sklepie, spróbuj podbić kilka razy piłkę – sprawdź dokładnie, czy buty nie „latają" na boki, czy nie są zbyt luźne, słowem, czy ich szerokość pasuje idealnie do twojej stopy. Przykładowo, moja stopa wygląda trochę jak łopata, zawsze muszę mieć obuwie nieco szersze z przodu, w przeciwnym razie nie mógłbym się wyszaleć. Jeśli zdecydujesz się na buty z lekkich materiałów syntetycznych, pamiętaj – nie rozciągną się, taki materiał, człowieku. W dodatku z reguły ich podeszwa jest – najogólniej rzecz ujmując – plastikowa. Jeśli kupisz obuwie za ciasne, niedopasowane, to, po pierwsze, stopa będzie się w nich dwa razy szybciej męczyć, a po drugie, buty i tak nie wytrzymają i wkrótce zaczną się rozklejać. Nie zapomnij też, że o buty trzeba dbać. W przypadku syntetyków wymaga to znacznie mniej wysiłku – wystarczy przetrzeć je od czasu do czasu szmatką. Ale jeśli już zaszalałeś i kupiłeś skórzane, to pamiętaj, twoim obowiązkiem jest po każdym meczu solidne ich wypastowanie według zaleceń producenta. Niepastowany but skórzany po przemoczeniu bardzo szybko robi się sztywny. Aby skóra zachowała swoją naturalną konsystencję, unikaj również suszenia ich w bezpośrednim sąsiedztwie źródła ciepła. Te zasady znajdują zastosowanie także w odniesieniu do skórzanego obuwia niesportowego.

Buciwo, w którym przyjdzie ci podbijać boiska, musi leżeć na stopach idealnie. Inaczej możesz nabawić się kontuzji.

Jakie buty są ci potrzebne, w jakim celu i na jaką nawierzchnię

Tu akurat wybór mamy duży. Ile nawierzchni, tyle rodzajów podeszwy, która ułatwi ci grę i pozwoli uniknąć kontuzji oraz szybkiego zniszczenia butów. Jeśli chodzi o mnie, to kierowałem się zawsze prostą zasadą. Jeśli mecz na trawie naturalnej, to lanki. Jeśli zaś *freestyle* (zazwyczaj na parkingu przed domem lub na sali sportowej), to halówki wyposażone w płaską podeszwę, ze względu na najlepsze czucie piłki. Sprawa komplikowała się, gdy trzeba było jednak zagrać mecz na orliku albo gdy mocno padał deszcz. Producenci stworzyli specjalny i dość logiczny podział obuwia, dzięki czemu można utrzymać swoje umiejętności na najwyższym poziomie, a jednocześnie zredukować ryzyko kontuzji:

1 Wkręty, lanki i mixy – naturalna nawierzchnia

Tutaj sprawa jest oczywista. W tego rodzaju butach gramy wyłącznie na nawierzchni z trawą naturalną. Wkręty sprawdzają się doskonale podczas gry w deszczową pogodę. Korki w nich są wkręcane do podeszwy i mogą mieć różne kształty, zapewniając zawodnikowi większą zwinność i przyczepność na mokrej nawierzchni. Ze względów bezpieczeństwa ich używanie przez młodzież podczas boiskowej rywalizacji jest zabronione. Młodzi zawodnicy powinni występować w obuwiu, w którym korki są wykonane z tworzywa i zlane z podeszwą, jak w przypadku lanek. Świetnie sprawdzają się one na boiskach z murawą trochę słabszą niż ta na Stadionie Narodowym... czyli każdej naturalnej. Dzięki odpowiedniemu rozstawowi korków zwiększa się przyczepność stopy piłkarza – zapamiętajcie jednak dobrze – do trawy... W przypadku orlika korki nie wbiją się w podłoże. Używanie lanek, a już tym bardziej wkrętów na tego typu twardej nawierzchni mija się z celem: może bardzo niekorzystnie wpłynąć na wasze zdrowie oraz doprowadzić do szybkiego zniszczenia obuwia – korki w lankach bardzo szybko będą się ścierać.

2 Turfy – sztuczna nawierzchnia, orliki

Jeśli już zrozumiałeś, że lanki to nie jest obuwie na orliki, cieszę się niezmiernie. W przypadku tego typu boisk ze sztuczną nawierzchnią i granulatem polecam przede wszystkim klasyczne turfy. Na ich podeszwie możemy znaleźć bardzo dużą liczbę krótkich koreczków, które zapewnią stopom właściwą przyczepność. Takie obuwie sprawdza się świetnie również na boiskach asfaltowych, także wtedy gdy temperatura za oknem jest bliższa zeru, a powierzchnia do gry jest zmrożona.

3 Halówki – sale sportowe, płaskie nawierzchnie

To buty, które najczęściej mają kontakt z moją stopą, które uwielbiam i które umożliwiają mi trenowanie w typowo domowych warunkach, co bardzo sobie cenię. Halówki cechuje duża wytrzymałość, możliwość wykorzystania zarówno w sali sportowej, jak i na boisku asfaltowym, a także w tak zwanych warunkach miejskich. Podeszwa jest wykonana z gumy kauczukowej, która zapewnia świetną przyczepność na zawodach sportowych, dzięki czemu żadna akcja nie wymknie nam się spod kontroli. Jeśli chodzi o naukę trików piłkarskich oraz *freestyle football*, wszystko zależy od gracza. Ja od ponad dziesięciu lat zawsze jestem wierny właśnie halówkom i zdobyte tytuły, w tym mistrza świata trików piłkarskich, wywalczyłem, wybierając buty z płaską podeszwą.

Buty mamy. Co dalej?

Jeśli chodzi o buty, myślę że wszystko jest jasne. Zwracaj szczególną uwagę na rodzaj nawierzchni, na której dane ci będzie w owych butach grać. Wygląd jest wprawdzie istotny, ale proszę, nie bądź zaślepiony tylko tak zwanym lansem. Buty mają być twoim sprzymierzeńcem, nie wrogiem. Chodzi o twoje zdrowie, komfort i precyzję w grze, a to jest przecież najważniejsze, bo od tego zależą wyniki!

Wybór butów już za tobą, pięknie się prezentują na nogach, same strzelałyby gole, gdyby tylko miały czym. Teraz zatem pora na wybór piłki, z którą nie będziesz się rozstawał w najbliższym czasie. Piłek na rynku jest mnóstwo, przedział cenowy wynosi od dyszki z bazaru do kilku stów za oryginalną futbolówkę, którą rozgrywa się mecze na mistrzostwach świata w piłce nożnej. Poniżej przedstawiam mój indywidualny prosty podział piłek, który towarzyszy mi przez całe życie, a który – mam nadzieję – ułatwi ci dobór piłki odpowiedniej do twojego aktualnego poziomu, a jednocześnie pozwoli osiągnąć maksymalne rezultaty.

Podział piłek Krzycha

1 Oficjalne piłki meczowe

To piłki najdroższe. Takimi właśnie futbolówkami rozgrywane są najważniejsze turnieje piłkarskie na świecie. Materiały używane do produkcji piłek tego rodzaju łączy się metodą termiczną, a ich powierzchnia jest niemal gładka. Zanim taka piłka trafi na murawę, musi przejść liczne profesjonalne testy, a finalnie – otrzymać oficjalny atest FIF-y. Dokładnie badany jest jej obwód. Powinien on mieścić się w przedziale między 68,5 cm a 69,5 cm. Sprawdzana jest też jej krągłość, odbicie oraz to, jak radzi sobie w skrajnych warunkach pogodowych. Piłki tego rodzaju są przeznaczone w głównej mierze dla profesjonalistów, na potrzeby zmagań na najwyższym poziomie rozgrywkowym. Marzysz o grze taką piłką? Będę z tobą szczery, pierwszą oficjalną profesjonalną piłkę kupiłem po mniej więcej siedmiu latach szkolenia technicznej strony swojej gry – dopiero wtedy czułem się gotowy i byłem w stanie zauważyć różnicę i wykorzystać atuty piłki.

2 Piłki treningowe, oficjalne repliki, piłki z gąbką

To budżetowe modele dostępne dla każdego. Ich ceny zazwyczaj mieszczą się w granicach od 49 złotych do 149 złotych. Idealnie sprawdzają się w grze na sztucznych nawierzchniach. Takimi piłkami zwykle trenujecie w klubach piłkarskich. W zależności od wieku ich użytkowników rozróżniamy trzy zasadnicze rozmiary: 5 przeznaczona dla dorosłych i juniorów po 14. roku życia, 4 dla przedziału wiekowego od 8 do 14 lat oraz 3 dla najmłodszych graczy. Zwykle piłki składają się z klejonych lub szytych z sobą paneli. Wytrzymałość takiej piłki nie zachwyca. Mnie jednak – w początkowej fazie mojej przygody z piłką nożną, gdy jeszcze nie używałem dedykowanych do tego piłek – najczęściej towarzyszyły właśnie takie modele z gąbką, która pozwalała na zachowanie lepszego odbicia.

3 Piłki do trików piłkarskich

Czy triki *freestyle*'owe można wykonywać tylko jedną specjalną piłką? Oczywiście nie! Każdą futbolówką, nawet taką za dyszkę, można poprawiać swoje umiejętności. Długo myślałem jednak, czy można stworzyć taką piłkę, która jednocześnie sprawi, że wykonanie trików okaże się łatwiejsze dla początkującego i że zdobyte umiejętności nie przepadną, gdy do gry weźmie się również normalną syntetyczną piłkę. Bazując na swoim doświadczeniu, postanowiłem stworzyć własną piłkę o nazwie ballON TURBOFREESTYLER. Łączy ona cechy, które przy nauce poszczególnych trików wydawały mi się najważniejsze: po pierwsze, przyczepność (z zewnątrz pokryta jest specjalnym rodzajem płótna), po drugie, ma wzmocnione odbicie dzięki specjalnej dętce, stąd *elastico effect*, który zapewnia odpowiednią mechanikę jej odkształceń przy kontakcie ze stopą, po trzecie, ma rozmiar 4,5 – uniwersalny, zarówno dla kilkulatków, jak i dla osób w moim wieku. W świecie *freestyle*'u każdy o doborze piłki decyduje sam, niektórzy grają meczówkami, niektórzy piłkami treningowymi, a inni specjalnie do tego rodzaju dobranymi piłkami jak ballON, jaką udało mi się stworzyć. Tak jak buty musisz po prostu ją czuć, uczynić ją swoim przyjacielem i razem z nią podbijać świat piłki nożnej.

ROZGRZEWKA KRZYCHA

Po co komu rozgrzewka?

Nieraz pewnie się nad tym zastanawiałeś. Dobra, pomacham sobie trochę rękami, poskaczę z nogi na nogę, żeby trener widział, i wystarczy... Jak wiesz, w tej książce to ty jesteś swoim własnym trenerem. Serio, chcesz sobie odpowiedzieć: „Zrobiłem to na odczep się, reszta zrobi się sama na treningu czy meczu"?!

Nie wymagam od ciebie nazbyt wiele. Chcę ci tylko uświadomić, że żyjemy w czasach nieustającej sportowej rywalizacji. W momencie gdy ty odpuszczasz, ktoś w innym miejscu na świecie, dając z siebie wszystko, właśnie cię wyprzedza jak bolid Formuły 1. Prawidłowa rozgrzewka, podczas której angażujemy wszystkie partie mięśni, jest po prostu niezbędna. To właśnie dobra rozgrzewka sprawi, że za kilka minut będziesz mógł wykorzystać swój cały sportowy potencjał. Odpuszczając sobie rozgrzewkę, tracisz czas; bez rozgrzewki pierwsze dwadzieścia minut treningu lub meczu sprawi, że braknie ci sił na dalszą grę. W najbardziej renomowanych klubach piłkarskich wszyscy doskonale zdają sobie sprawę z tego, jak wielką rolę odgrywa rozgrzewka w sportowej karierze każdego zawodnika. W trakcie meczu od razu można zauważyć, że piłkarze, którzy nie pobudzili swojego organizmu wystarczająco aktywnie, mają problemy z prawidłowym ustawieniem się na boisku, określeniem, gdzie może polecieć piłka, popełniają najprostsze techniczne błędy w zagraniach, które dotychczas nie stanowiły dla nich żadnego problemu. Mam takie jedno życzenie czy pragnienie, którym się teraz z tobą podzielę: kiedy tylko będziesz, korzystając z tej książki, doskonalił poszczególne elementy swojej techniki piłkarskiej, chciałbym, abyś zawsze robił to na pełnych obrotach i z pełnym zaangażowaniem, bo tylko takie szkolenie okaże się efektywne i pozwoli ci uniknąć niepotrzebnych urazów.

Nie czuwa nad tobą sztab fizjoterapeutów i trenerów (no, chyba że czuwa, to szacunek), musisz się nauczyć sam dbać o siebie. Dla przykładu, ja w trakcie mojej wieloletniej aktywności zawodniczej czy ogólnie sportowej nie miałem do dyspozycji masażystów, nie miałem okazji doświadczyć stosowania wyszukanych metod fizjoterapeutycznych, które wykorzystuje się na różnych etapach rozgrzewki przedmeczowej. A mimo wszystko udało mi się uniknąć poważniejszych kontuzji. Z wyjątkiem jednego urazu kolana, o którym już wspominałem, a którego się nabawiłem w wieku piętnastu lat. Nigdy niczego sobie nie skręciłem, nie zerwałem ani nie złamałem... A piłka, jak wiesz, raczej rzadko leży po prostu bez ruchu, gdy jestem w pobliżu. Nie ma treningu, który bym robił na pół gwizdka. Zanim schylę się po piłkę, realizuję zestaw rozgrzewkowy, który przyczynił się do tego, że cieszę się dobrym zdrowiem, a który poniżej chciałbym ci przedstawić.

ZANIM PRZEJDZIESZ DO POSZCZEGÓLNYCH ZADAŃ, PAMIĘTAJ O KILKU BARDZO WAŻNYCH ZASADACH

- celem rozgrzewki jest przygotowanie twojego organizmu, aby wspiął się na wyższy poziom funkcjonowania, uruchomienie mechanizmów regulacji ciepła i dostarczania odpowiedniej ilości tlenu niezbędnego do dalszego wysiłku
- na początek rozgrzewki najważniejszym elementem jest podwyższenie temperatury całego twojego ciała; nigdy nie rozciągaj się, zanim twoje ciało nie będzie na to gotowe
- każde ćwiczenie wykonuj bardzo uważnie i powoli, nigdy nie napinaj się aż do bólu
- zwracaj uwagę na wdechy i wydechy podczas wykonywania poszczególnych ćwiczeń
- utrzymuj odpowiednie napięcie mięśni przez wskazany czas (staraj się go liczyć bardzo dokładnie), nie przerywaj ćwiczeń i nie zgaduj, ile czasu minęło.

Rozgrzewka Krzycha

1. Aby pobudzić wszystkie mięśnie i uzyskać odpowiednią temperaturę ciała, każdy swój trening rozpoczynam od przynajmniej pięciu minut spokojnego truchtu. Nieważne, czy na boisku, czy na swoim podwórku, ważne, że zdawałem sobie sprawę, jak to

istotna dla mojego organizmu czynność. W zależności od twojego wieku dobieraj odpowiednią prędkość, zazwyczaj z przedziału od 5 km/h do 10 km/h. Wyprostuj się, ugnij ręce w łokciach, unosząc je nieco na wysokość pod klatką piersiową, i staraj się cały czas biec stałym tempem oraz kontrolować je.

2 Stacjonarną część swojej rozgrzewki zaczynam od wykonania krążenia głową. Przygotowuję dzięki temu górną partię mojego ciała do gry w powietrzu oraz kontroli piłki głową podczas wykonywania trików. Stopy powinny się znajdować na szerokości barków. Stań na prostych nogach, a ręce niech spoczywają luźno wzdłuż tułowia. Następnie wykonuj kolejno dziesięć powtórzeń:

- **prawo, lewo**
- **góra, dół**
- **ruchy okrężne (same półkola).**

3 Czas na ramiona, dzięki czemu ułatwię sobie przyjęcia piłki na klatkę piersiową oraz na przykład trzymanie piłki na karku. Stań w lekkim rozkroku, nogi powinny znajdować się na szerokości barków, a ręce pozostawać wyprostowane wzdłuż tułowia. Wykonuj dziesięć razy okrężne ruchy:

- **naprzemianstronne do przodu i do tyłu**
- **oburącz do przodu i oburącz do tyłu.**

4 Następnie klatka piersiowa, plecy, barki, bo… jak mawia „klasyk”, przecież barkiem też piłkę można przyjąć. Stań w pozycji jak do krążeń rękami, a następnie wykonaj dziesięć razy:

- **krążenie barków do przodu**
- **krążenie barków do tyłu.**

5 Bioderka, na wypadek gdybym na przykład chciał podbić piłkę pośladkami, bo przecież można, co więcej, można to zrobić naprawdę i efektownie, i efektywnie, myląc przeciwnika. Stań w lekkim rozkroku, dłonie ułożone równolegle do siebie oprzyj na biodrach, głowa pozostaje w miejscu. Wykonuj obszerne krążenia bioder dziesięć razy:

- **w lewą stronę**
- **w prawą stronę.**

6 Krążenie nóg w biodrach

Stań w lekkim rozkroku, ręce połóż na biodrach. Podnoś w górę nogę zgiętą w kolanie, a następnie dziesięć razy wykonuj krążenia:

- **w lewą stronę**
- **w prawą stronę.**

7 Skrętoskłony

Stań na prostych nogach w szerokim rozkroku i wykonuj opad tułowia do przodu. Ręce powinny być wyprostowane na boki. Powtórz dziesięć razy możliwie najszersze ruchy:

- **w lewą stronę**
- **w prawą stronę.**

8 Krążenia stopą

Znów stań w lekkim rozkroku, jednak przenieś ciężar ciała na jedną nogę, tę, której stopa spoczywa całą powierzchnią podeszwy na ziemi. W tym samym czasie drugą nogę unieś w górę na palcach i zrób dziesięć krążeń piętą uniesionej stopy:

- **w lewą stronę**
- **w prawą stronę.**

Następnie wykonuj krążenia stopą drugiej nogi.

9 Przysiady

Ulubione ćwiczenie kobiet, by ujędrnić pośladki, i moje w sumie też... ale już nie z uwagi na ten sam co ich cel. Napnij mięśnie brzucha, wyprostuj plecy, by znajdowały się w jednej linii, stopy ustaw równolegle do siebie w ułożeniu na szerokość barków. Następnie wykonaj 15 przysiadów.

10 Krążenia kolan

Na pozycję wyjściową składa się ułożenie stóp równolegle do siebie, na szerokość bioder. Nogi pozostają lekko ugięte w stawach kolanowych, ręce spoczywają na kolanach. W lekkim pochyleniu do przodu z prostymi plecami wykonaj kolejno dziesięć razy krążenia kolanami:

- **na zewnątrz**
- **do wewnątrz.**

Na koniec powyższego zestawu rozgrzewkowego dorzucam zwykle jeszcze krążenia nadgarstkami – w celu zabezpieczenia wszystkich partii mojego ciała, również na okoliczność upadku. Dzięki temu jestem w pełni gotowy, aby przejść do kolejnego etapu, czyli zestawu ćwiczeń z zakresu rozciągania dynamicznego.

Rozciąganie dynamiczne Krzycha

1 Przytulanie kolan w ruchu

Sama nazwa brzmi dość uroczo, ale w praktyce już wcale tak uroczo nie jest. Poruszaj się wolnym krokiem w linii prostej przed siebie i na przemian podnoś kolano do klatki piersiowej, przytrzymując je dłońmi około dwóch sekund. Podczas przytrzymywania unoś się delikatnie na palcach, tak aby maksymalnie napinać łydkę, a następnie wykonuj wyjście na piętę nogą przeciwną. Takie ćwiczenie powtarzaj kolejno dziesięć razy lewą i dziesięć prawą nogą.

2 Wykopy Frankensteina

Sylwetka ma być wyprostowana. Swobodnym krokiem poruszaj się prosto przed siebie. Podnoś lewą rękę na wysokość głowy i prawą wyprostowaną nogą próbuj dotknąć dłoni. W trakcie wymachu podnoś się lekko na palcach drugiej nogi. Wykopy powtarzaj dziesięć razy każdą z nóg.

3 Dopieszczanie ud

Chwyć podbicie prawej stopy prawą ręką, a następnie dociskaj piętę do pośladka. Niech w tym samym czasie lewa ręka porusza się do góry. Sylwetka ma być wyprostowana. W momencie zwolnienia blokady, jak w lotto, wypuść nogę z lekkim wykopem, a następnie wykonaj krok do przodu. Czynność powtarzaj na przemian pięć razy na każdą z nóg.

4 Martwy ciąg na jednej nodze

Ćwiczenie wykonuj co trzy kroki na każdą z nóg. Zatrzymuj się na całej stopie, unoś wyprostowaną nogę za siebie i w tym samym czasie wykonuj opad tułowia w taki sposób, aby rękami dotknąć buta stopy położonej na ziemi. Noga, która znajduje się za tobą, tworzy z plecami linię prostą.

Po takiej rozgrzewce, która trwa zwykle około piętnastu minut, organizm jest w pełni gotowy do wejścia na najwyższe obroty. Rozciąganie polecam również powtórzyć na koniec indywidualnego treningu. Ja przed swoim treningiem rozciągam się tylko dynamicznie, zwykle w ruchu. Natomiast na jego zakończenie wykonuję ćwiczenia statyczne, które przedstawiam poniżej.

Rozciąganie statyczne Krzycha

1 Ścięgna podkolanowe

Uklęknij na ziemi, jedną nogę wyciągnij przed siebie – jej pięta powinna być oparta o ziemię, a palce wyciągnięte do góry. Następnie powoli pochyl się i przenieś ciężar ciała na wysuniętą nogę, tak byś poczuł, że twoje udo jest napięte. W tej pozycji staraj się wytrzymać około dwudziestu sekund, a następnie zmień nogę. Ćwiczenie wykonuj bardzo ostrożnie i powoli.

2 Uda

Stań na jednej nodze, drugą unieś, uginając w kolanie za swoimi pośladkami, przytrzymuj nogę całą dłonią. Sylwetka ma być wyprostowana, kolana możliwie złączone, a biodra wypchnięte do przodu. Ćwiczenie to wykonuj najczęściej przy ścianie lub siatce przez dwadzieścia sekund.

3 Łydki

Ciężar ciała spoczywa na stopach. Powoli nachyl się i wypychaj wyciągniętą nogę do tyłu, tak byś cały czas czuł napięte mięśnie łydki. W takiej pozycji staraj się wytrzymać około dwudziestu sekund. a następnie zmień nogę.

4 Pachwiny

Usiądź z rozchylonymi kolanami na ziemi i złącz z sobą podeszwy stóp. Za pomocą łokci delikatnie przyciskaj kolana do ziemi dopóty, dopóki nie poczujesz napięcia pachwiny. W takiej pozycji pozostań przez około dwadzieścia sekund.

TRENUJ
Z KRZYCHEM
ZOSTAŃ
MISTRZEM

Graj jak najlepsi piłkarze świata

„Grać jak najlepsi piłkarze świata”. Ta perspektywa wydaje się nam bardzo odległa. Pewnie myślisz sobie: jak to możliwe, że mógłbym kiedyś dorównać takim gwiazdom jak Messi, Neymar czy Ronaldo? Teraz ciężko ci sobie nawet wyobrazić, że i ty możesz być zawodnikiem, którego umiejętnościami będą się zachwycać kibice z najdalszych zakątków świata. Ale oto nadeszła chwila prawdy: człowieku, zrozum, wszyscy piłkarze, których teraz podziwiasz i którzy są twoimi idolami, zaczynali dokładnie tak jak ty. Wszyscy mistrzowie kiedyś stawiali swoje pierwsze kroki i jak ty obecnie marzyli o zostaniu piłkarzami światowej klasy. Pewnie każdy z nich też miał swoich idoli. Messi podziwiał Maradonę, Neymar – Rivaldo albo Ronaldinho... Nikt z nich nie podejrzewał (kiedy byli tak młodzi jak ty), że dzięki uporowi i determinacji uda im się osiągnąć niebotyczny poziom gry w piłkę. Teraz czas na ciebie.

Musisz skupić się na wszystkich elementach gry, które wpływają na prezentowany przez ciebie końcowy poziom. Piłka jest nieprzewidywalna, akcje, które decydują o zwycięstwie lub porażce, trwają nie więcej niż kilka lub kilkanaście sekund. A czymże jest kilkanaście sekund w kontekście dziewięćdziesięciu minut meczu? Twoim kluczem do sukcesu jest więc umiejętność stwarzania i pozytywnego wykańczania najważniejszych zagrań. Świat potrzebuje piłkarzy kompletnych, którzy radzą sobie z wszystkimi aspektami gry w piłkę: dryblingiem, strzałami, podaniami, grą głową czy stałymi elementami gry... Ale człowieku, nikt z nas cyborgiem nie jest. Zauważ, jak bardzo różnią się Ronaldo

i Messi, i nie mam na myśli tylko muskulatury. Tu chodzi o styl gry, jaki sobie wypracowali. Każdy z nich jest geniuszem piłkarskim. Jeśli jednak porównamy sposoby gry tych wyjątkowych zawodników, zauważymy, że prócz standardowych umiejętności na wysokim poziomie, jak typy przyjęcia, podania, szybkość, mają jeszcze takie, dzięki którym ich poziom można określić mianem arcymistrzowskiego. W przypadku Messiego wyróżnimy jego niesamowicie szybkie prowadzenia piłki, a u Cristiano Ronaldo zróżnicowane, niekiedy wręcz niewiarygodne techniki uderzeń na bramkę bardzo często kończące się zdobyciem gola.

Postanowiłem więc przyjrzeć się dokładnie poszczególnym piłkarzom, wyróżnić to, co decyduje o indywidualnym poziomie każdego mistrza nad mistrzami, i w możliwie najprostszy sposób stworzyć dla ciebie kompendium technicznej wiedzy piłkarskiej. Ona może pomóc w opanowaniu tego rodzaju umiejętności, abyś w przyszłości panował nad piłką w taki sposób, w jaki robią to najlepsi piłkarze świata. W piłce nożnej schemat przyswajania każdego elementu nie zmienia się od lat i jest banalnie prosty:

- dowiedz się jak
- skup się na każdym technicznym aspekcie wykonania danego elementu
- trenuj aż do skutku.

Z czasem dojdzie do tego trening szybkości. Ćwiczenia przerodzą się w nawyk i sprawią, że ów opanowany do perfekcji element twojej gry to będzie prawdziwy hicior. Okażesz się nie do zatrzymania na boisku. Dzięki pasji i wytrwałości, czyli codziennym treningom, wypracujesz swój unikatowy styl.

Jak zapowiedziałem, chciałbym pokrótce opowiedzieć ci o moich piłkarskich inspiracjach. Kiedy oglądam jakiś mecz z udziałem tych zawodników, jestem zachwycony ich poziomem gry i wypracowanymi umiejętnościami. To bardzo ważne, żebyś i ty miał swoich piłkarskich idoli i podpatrywał, co robią na boisku. Nie chcę oczywiście narzucać ci konkretnych graczy. Twoja lista piłkarskich objawień może być całkiem inna od mojej. Poniżej znajdziesz nazwiska piłkarzy, od których moim zdaniem warto się uczyć. Lista obejmuje także element gry, w którym są niekwestionowanymi mistrzami!

Leo Messi – sposoby prowadzenia piłki

Ten genialny Argentyńczyk nie bez powodu nazywany jest atomową pchłą. Jeśli myślicie, że ktoś niski i lekki nie może być pogromcą drużyny przeciwnej, to popatrzcie na Messiego. Ten piłkarz dosłownie czaruje obrońców w polu karnym. Omija ich jak słupki podczas treningu. A piłka zdaje się przyklejona do jego nogi. Tak jest dzisiaj.

Jednak o mały włos, a moglibyście nigdy nie usłyszeć o tym zawodniku. Kiedy był jeszcze młodym chłopakiem, miał bardzo poważne problemy zdrowotne. Cierpiał na niedobór hormonu wzrostu, a jego rodziny nie było stać na kosztowną terapię. Wtedy do gry wkroczył klub z Barcelony. Duma Katalonii dostrzegła w nim talent i postanowiła opłacić jego leczenie. Ta decyzja okazała się strzałem w dziesiątkę. Wkrótce też dziesiątkę (na koszulce) po legendarnym Ronaldinho przejął właśnie Messi. Nie trzeba było długo czekać na jego pierwszą bramkę, którą zdobył rewelacyjnym lobem już w wieku 17 lat. Stała się ona początkiem ery Messiego w Barcelonie – do dziś strzelił już ponad 500 goli dla tej drużyny. Pamiętacie pewnie jego słynnego gola w meczu z Getafe (jeśli nie, to wpiszcie sobie na YouTubie). Przebiegł wtedy pół boiska, kładąc na ziemię kolejnych obrońców, ostatecznie minął nawet bezradnego bramkarza i skierował piłkę wprost do bramki. To właśnie wtedy po raz pierwszy ktoś powiedział: „Oto nowy Maradona". Co ciekawe, podczas tego rajdu nie wykonywał żadnych specjalnych zwodów, a wszystko opierało się na szybkim prowadzeniu piłki blisko nogi. Nie jest to może wyjątkowo spektakularna gra, jednak zawsze skuteczna, nie obfituje w piękne dryblingi, ale dzięki perfekcyjnemu opanowaniu piłki podczas jej prowadzenia w pełnym biegu, połączonemu z odpowiednim balansem ciała i koordynacją ruchów, Messi jest dla obrońców zawodnikiem nie do zatrzymania.

Dla Messiego nie ma różnicy, czy prowadzi piłkę zewnętrzną czy wewnętrzną częścią stopy, czy nawet główkując. Aby kiedyś dojść do takiego poziomu, jaki prezentuje ten zawodnik, musimy przyjrzeć się poszczególnym stylom prowadzenia piłki od samych podstaw. Ćwicząc codziennie te techniki i skupiając się na poszczególnych elementach każdego stylu (najważniejsze jest zrozumienie danego stylu, a nie mechaniczne powtarzanie czasem błędnej techniki), możesz kiedyś panować nad futbolówką tak jak Leo Messi. Jego styl jest dość prosty, ale dzięki regularnemu treningowi osiągnął poziom *master*, do którego i ty możesz dojść. Zaczynajmy!

Style prowadzenia gry

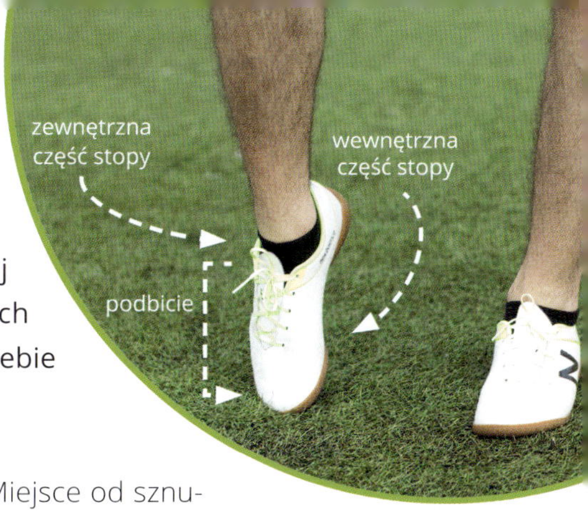

Zanim przejdę do przedstawienia każdej z metod, proponuję samouczek, jak w grach komputerowych. Proszę, wyciągnij przed siebie swoją stopę i od tej chwili pamiętaj, że:

- **proste podbicie stopy** to jej przód. Miejsce od sznurówek to szpica. Zwykle sprawdza się przy prowadzeniu piłki z dużą szybkością, przy mocnych strzałach i efektownych wolejach czy przewrotkach. Ostrożnie z szarżami w pełnym biegu, żebyś nie utknął stopą w ziemi.
- **wewnętrzne podbicie stopy** to odcinek od palców do połowy stopy. Przydatne przy rzutach wolnych, silnych i precyzyjnych uderzeniach z jednoczesnym podkręcaniem piłki czy długich podaniach. Tą częścią stopy statystycznie najczęściej oddawane są strzały.
- **zewnętrzne podbicie** (stópka wirtuoza, jak niekiedy określam tę część stopy) sprawdza się przy prowadzeniu piłki z dużą szybkością, natychmiastowych zwrotach, podaniach w stylu Ronaldinho, a także wolniejszym prowadzeniu w końcowej fazie przed rozpoczęciem... twojego najlepszego dryblingu, kiedy dosłownie czaisz się przed wykonaniem triku.
- **wewnętrzna część stopy** to odcinek od palców do pięty. Przydatna przy bliskich podaniach i przy technicznym prowadzeniu piłki. Ta część stopy jest także istotna w przypadku zmian kierunku prowadzenia piłki. Używamy jej również przy technicznych uderzeniach i gaszeniu piłki podczas przyjęć z dużych odległości.
- **podeszwa stopy** jest przydatna przy wolnym prowadzeniu piłki i zwodach. Używaj jej roztropnie i pamiętaj, że na grę podeszwą ma wpływ obuwie, w którym grasz. W korkach granie podeszwą jest trudniejsze, bo kontakt z piłką odbywa się tylko poprzez spodnią powierzchnię korków. Dużo łatwiej jest podczas gry w hali, bo wtedy cała podeszwa przylega do piłki.
- **palce** są ważne przy sytuacyjnych uderzeniach. Opanowanie strzału z popularnego Kazka jest trudne, ale czasem może się okazać twoim kluczem do sukcesu. Szczególnie w chwilach kiedy w polu bramkowym jest duże zamieszanie...

Test Krzycha – sprawdź się

Okej, znasz już podstawy. Zaczynamy! Teraz czas na szybki test, byś mógł sam się przekonać, jak sprawdzają się dane style prowadzenia gry i jak przekładają się na szybkość i panowanie nad piłką. Potrzebne ci będą dwa znaczniki (umieść je w odległości około dwudziestu twoich dużych kroków od siebie) i stoper lub telefon bądź czasomierz wyposażony w funkcję stopera. Włącz go i zrób rundkę od jednego do drugiego znacznika i z powrotem do pierwszego, prowadząc piłkę w bliskiej odległości przy nodze:

- **prostym podbiciem**
- **wewnętrzną częścią stopy**
- **zewnętrzną częścią stopy**
- **palcami.**

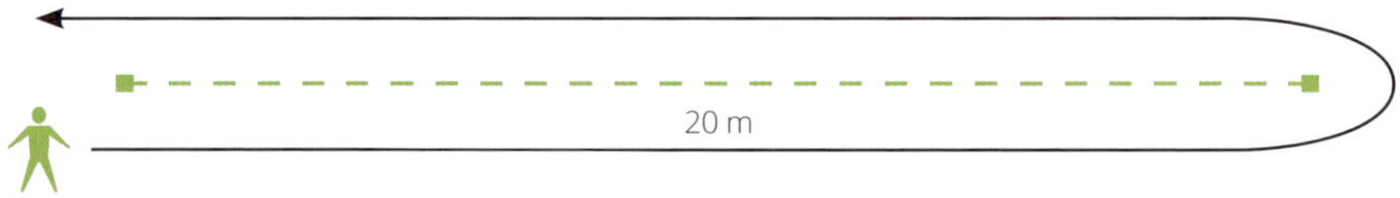

Zapisz datę i uzyskane wyniki.

....

Szybko zauważysz, że każdy ze sposobów wpływa znacznie na styl gry i będzie się sprawdzał w innych sytuacjach, o których wspominałem. Z biegiem czasu będziesz pobijał swoje rekordy. Konsekwentnie zapisuj rezultaty i powtarzaj ćwiczenie cyklicznie (najlepiej co miesiąc).

Jestem tu po to, żeby jak najdokładniej wytłumaczyć ci, co możesz poprawić w swojej grze. Pora zatem na konkrety.

Czy podczas robienia testu skupiłeś się na czymś innym prócz piłki? Obawiam się, że niestety nie. Poprawmy więc to natychmiast. Najlepiej od razu przejdę do najważniejszych zasad, o których musisz pamiętać przy każdym prowadzeniu piłki, niezależnie od tego którą częścią stopy jej dotykasz.

Zasady dobrego prowadzenia piłki

1. Nie wolno ci za daleko wypuszczać futbolówki. Przyjmijmy umownie, że może ona znaleźć się maksymalnie w odległości półtora metra przed tobą. Rywal tylko czai się i czeka na okazję, by ci odebrać piłkę. Przy ćwiczeniach takich jak opisane powyżej musisz dotknąć piłki przynajmniej cztery razy, ewentualnie spróbuj wykonać je z kolegą, który będzie biegł tyłem przed tobą – od razu presja stanie się większa.

2. Możesz patrzeć, a raczej spoglądać czy zerkać, na piłkę tylko przez ułamki sekund. Staraj się zawsze mieć oczy dookoła głowy, po każdym kontakcie wzrokowym z piłką obserwuj otoczenie i dostosuj szybkość, z jaką się poruszasz, do tego, co się dzieje obok ciebie. Człowieku, co ci przyjdzie z biegu nawet z maksymalną prędkością, jeśli nie zdążysz wyhamować i piłka wypadnie poza boisko? Myśl i staraj się przewidywać, co może nastąpić, nie biegnij na oślep.

3. Nie uderzaj piłki jak do podania czy strzału. Podczas prowadzenia piłki powinieneś ją tylko lekko popychać. Człowieku, pamiętaj, w przeciwnym razie piłka nigdy nie będzie znajdowała się w odpowiedniej odległości do ciebie.

4. Popchnięcie wykonuj luźną nogą, nie spinaj całego ciała, nie biegnij w pozycji „na sztywniaka", uginaj odpowiednio nogi.

5. Nie wykorzystuj do prowadzenia piłki tylko jednej nogi, nie staraj się przekładać kroków w taki sposób, żeby zawsze popychać piłkę swoją dominującą czy lepiej wyćwiczoną nogą. Przy pełnej prędkości to się nie uda...

Do tych zasad powinieneś się stosować zawsze. Spokojnie, na początku będziesz musiał się ich wyuczyć i starać się o nich pamiętać, ale po treningach okażą się one dla ciebie czymś zupełnie oczywistym i naturalnym...

Prowadzenie piłki prostym podbiciem

To sposób, od którego zwykle każdy z nas zaczyna zabawę z piłką. Naturalny ruch bez skręcania stopy w żadną stronę. Sprawdza się w pełnym biegu i przy prowadzeniu piłki przed sobą. Musisz się skupić na dokładności jego wykonania, chwila nieuwagi, a nogą – zamiast podprowadzać piłkę – możesz zaryć w ziemię... A wtedy zaliczysz glebę!

Ćwiczenie Krzycha (szesnastka)

Prowadzenie piłki od linii bramkowej do szesnastki prawą nogą, zatrzymanie, powrót – prowadzenie piłki lewą nogą. Ćwiczenie wykonaj w truchcie, z szybkością równą połowie tej, którą uznajesz za swoją maksymalną.

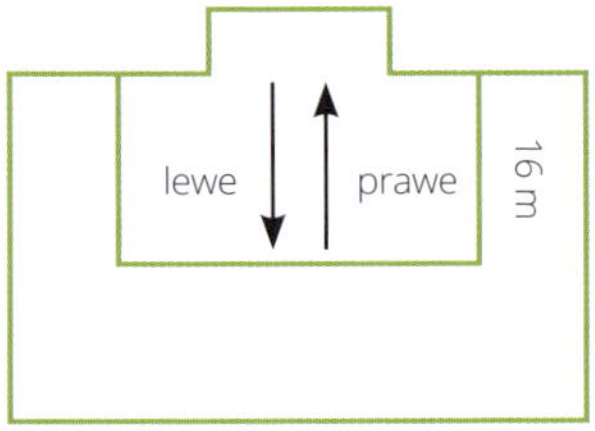

Ćwiczenie Krzycha (połowa)

Prowadź piłkę od linii bramkowej do połowy, na zmianę lewą i prawą nogą. Staraj się popychać piłkę zawsze nogą, która znajduje się bliżej. Nie staraj się przekładać kroków w taki sposób, żeby zawsze uderzyć piłkę swoją dominującą czy lepiej wyćwiczoną nogą. Ćwiczenie wykonaj, poruszając się do linii szesnastki z szybkością równą połowie tej, którą uznajesz za swoją maksymalną, a po przekroczeniu linii szesnastki już na maksymalnej.

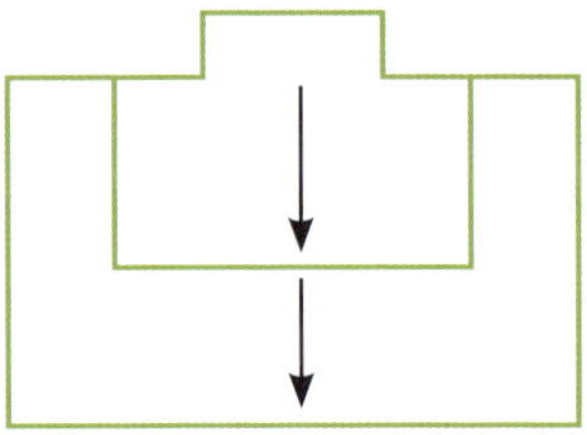

Ćwiczenie Krzycha (cały orlik)

Prowadź piłkę z maksymalną swoją szybkością: do połowy prawą, od połowy lewą nogą, wracaj, popychając piłkę na zmianę obydwiema nogami. Pamiętaj, żeby uderzać prostym podbiciem, obserwować otoczenie i nie dreptać w celu zmiany nogi na dominującą. Piłkę prowadź blisko, wypuszczając ją maksymalnie na półtora metra przed sobą.

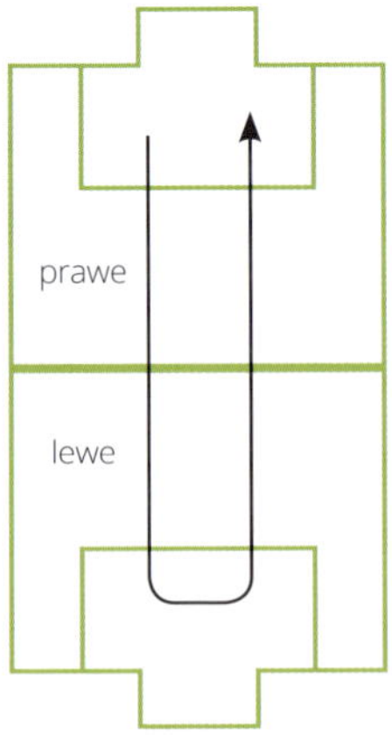

Prowadzenie piłki zewnętrzną częścią stopy

Pamiętaj, by nadmiernie nie przekręcać stopy. Staraj się delikatnie skręcić nogę do wewnątrz, obciągnąć delikatnie stopę, kierując kolano w kierunku nogi, na której stoisz. Nie szuraj stopą po ziemi, unoś ją na wysokość kilku centymetrów, piłkę dotykaj przednią częścią stopy.

Ćwiczenie: wirtuozeria Krzycha

W odległości około pięciu metrów od siebie umieść dwa znaczniki. Wykonaj dwie ósemki, prowadząc piłkę tylko zewnętrzną częścią stopy. Dostosuj prędkość i przy jednym znaczniku prowadź piłkę prawą nogą, a przy drugim lewą.

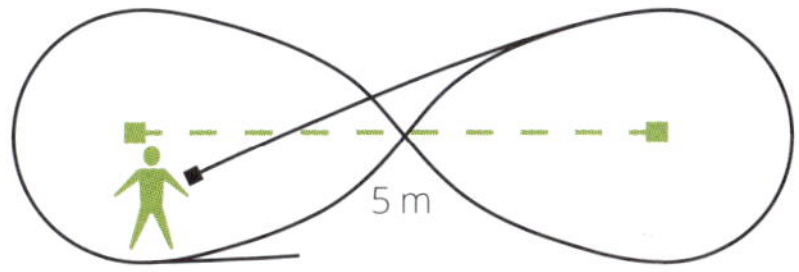

Ćwiczenie (prowadzenie piłki po kwadracie)

W odległości dziesięciu metrów od siebie rozstaw cztery znaczniki, aby stały się wierzchołkami kwadratu. Prowadź piłkę po zewnętrznej stronie, starając się uzyskać maksymalną prędkość w biegu w linii prostej po boku kwadratu. Gdy dobiegniesz do mety, odpocznij trzydzieści sekund, odwróć się i prowadź piłkę z powrotem drugą nogą.

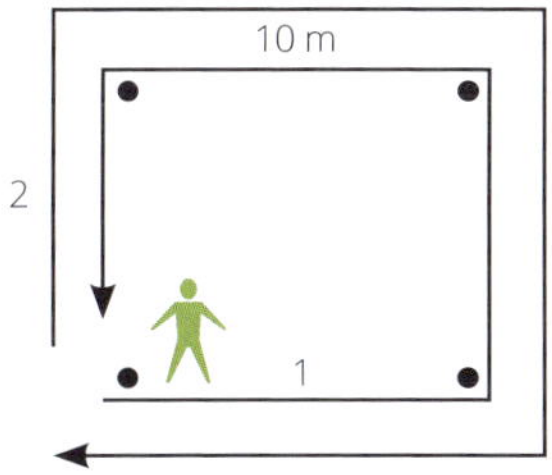

Ćwiczenie: slalom Krzycha

Rozstaw w odległości pięciu metrów od siebie znaczniki (zygzak, jak na rysunku). Prowadź piłkę jak najszybciej, zawsze po zewnętrznej stronie znaczników. Twoja stopa musi mieć przynajmniej trzy razy kontakt z piłką na odcinku między znacznikami. Obserwuj otoczenie, zwalniaj przy zakrętach i wykorzystaj obydwie nogi.

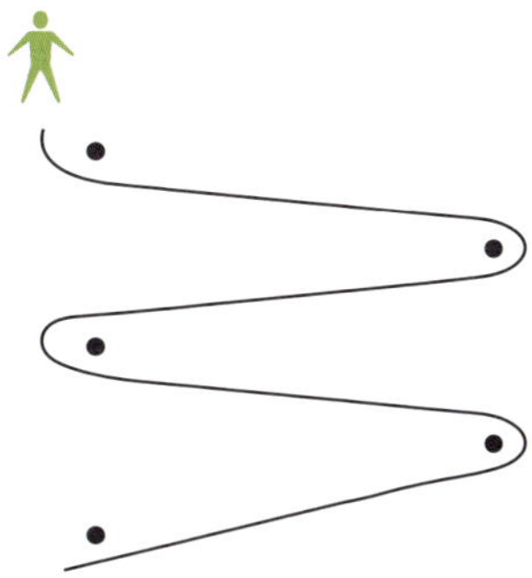

Prowadzenie piłki wewnętrzną częścią stopy

Jest to szczególnie przydatny sposób prowadzenia piłki przy szybkich zmianach kierunku podczas akcji. Wyprowadź kolano na zewnątrz, ugnij lekko nogę, na której stoisz, i lekko popchnij piłkę. Stopa przy prowadzeniu piłki jej wewnętrzną częścią może być bardziej pochylona niż przy prowadzeniu jej częścią zewnętrzną.

Ćwiczenie

Umieść cztery znaczniki w linii prostej od siebie, każdy w odległości pięciu metrów. Prowadź piłkę kolejno prawą stopą, lewą stopą oraz obunóż na ostatniej prostej. Następnie, powracając, powtórz to samo w odwrotnej kolejności: obydwie nogi, prawa, lewa.

Ćwiczenie

Rozstaw cztery pachołki (jak na rysunku). Prowadź piłkę pomiędzy pachołkami w podskokach, podając wewnętrzną częścią stopy od nogi do nogi, a następnie przy każdym znaczniku wykonaj kółka dookoła niego, prowadząc piłkę wewnętrzną częścią stopy (drugi pachołek – prawa noga, trzeci pachołek – lewa).

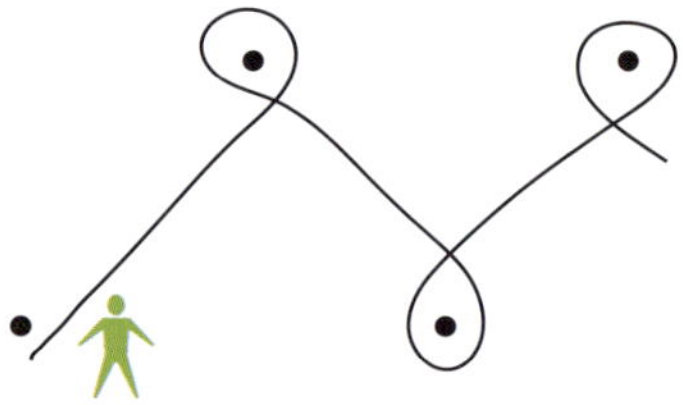

Ćwiczenie

Umieść na linii autowej trzy znaczniki, każdy w odległości dziesięciu metrów od kolejnego. Twoim zadaniem jest prowadzenie piłki najpierw prawą wewnętrzną

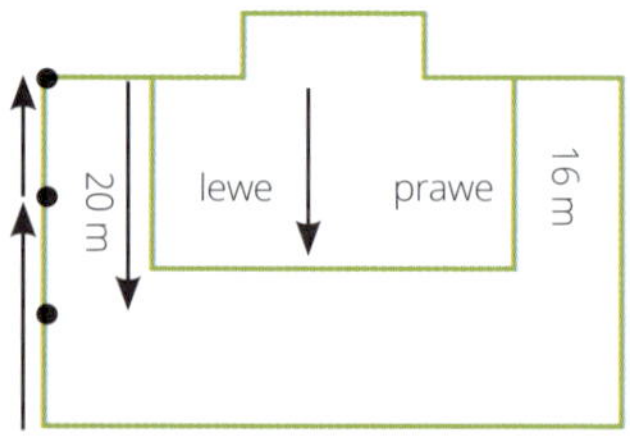

częścią stopy do pierwszego, lewą do drugiego, obydwiema nogami do trzeciego i powrót również na zmianę obydwiema nogami. Dostosuj swoją maksymalną prędkość piłki, ma toczyć się dokładnie po linii autowej – dbamy tutaj o precyzję.

Jak nie utracić szybkości

Na boisku piłka może przywędrować do ciebie na milion sposobów, a twoim zadaniem jest jak najszybsze jej przyjęcie i poprowadzenie w kierunku bramki przeciwnika. Może się zdarzyć, że i niżej opisane metody sprawdzą się na boisku. Pamiętaj o nich, gdy piłka niespodziewanie znajdzie się blisko ciebie.

Prowadzenie z przeturlaniem stopy po piłce

Sprawdza się w przypadku chwilowych odbiorów i pierwszych faz przejścia do biegu, gdy piłka została właściwie przejęta od rywala i wyprowadzona do przodu na odległość kilku metrów.

Ćwiczenie: turlaj zygzak

Umieść cztery pachołki w odległości trzech metrów od siebie. I prowadź piłkę kolejno: stopą prawą, lewą, obydwoma. Z powrotem tak samo: prawa, lewa, obunóż.

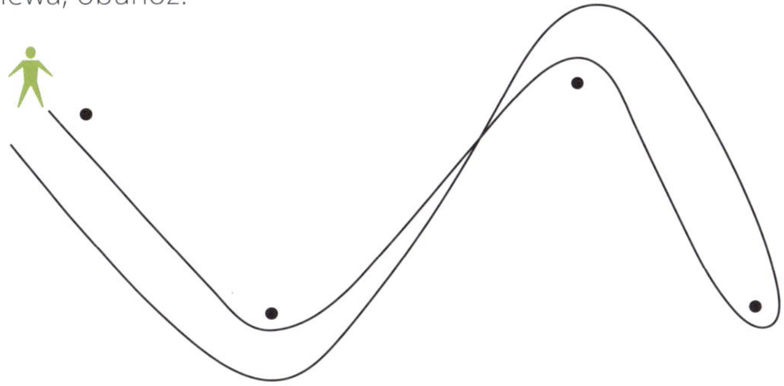

Prowadzenie piłki palcami

Tak jak z turlaniem prowadzenie piłki palcami sprawdza się również tylko w początkowych fazach wolnego biegu. Niestety, prowadzenie piłki z popularnego szpica jest bardzo trudne do okiełznania i nie możemy na jego skuteczności polegać przy pełnej prędkości.

Ćwiczenie: Kaźmierz prawdy

W linii prostej biegnij wzdłuż linii autowej, od pola bramkowego do połowy. Piłkę prowadź najpierw powoli, potem zwiększaj tempo. Staraj się dotykać piłkę bardzo lekko, tak by nie odskakiwała na odległość większą niż pół metra i toczyła się po linii autu.

Prowadzenie piłki kolanem

Czasem przyjęcie następuje klatką i kolanem i szkoda tracić czas na przekładanie piłki na stopę. Lepiej od razu odpowiednim kątem ułożenia ciała skierować piłkę do przodu, bo wtedy natychmiast możemy nadać tempo akcji.

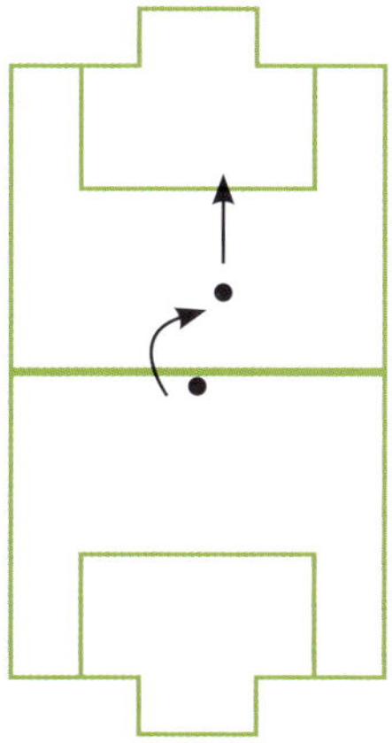

Ćwiczenie

Chwyć piłkę w dłonie, podrzuć do przodu, do góry na wysokość około dwóch metrów, szybko do niej dobiegnij i staraj się kontynuować odbicia kolanami w biegu, tak żeby przemieścić się jak najdalej. Piłkę odbijaj tym kolanem, które będzie w danym momencie bliżej piłki, tak by unosiła się na wysokość twojej klatki piersiowej.

Prowadzenie piłki głową

Tak jak przy przyjęciu kolanem, gdy piłka znajdzie się wysoko, a twoi rywale będą blisko, staraj się wykorzystać wzrost i skoczność i rozpocząć wyprowadzenie akcji według prostego schematu: podbicie głową, szybki podbieg, podbicie.

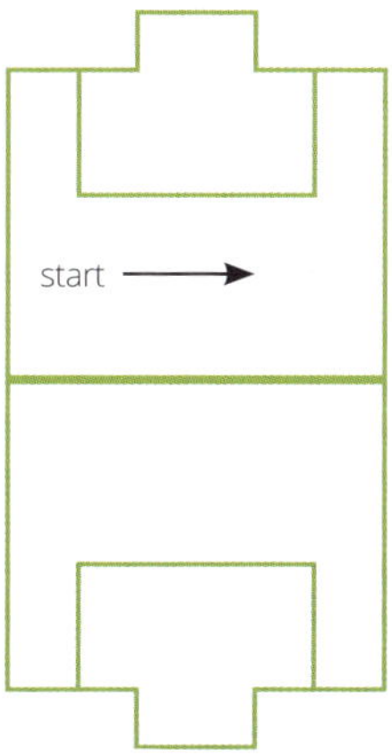

Ćwiczenie

Chwyć piłkę w dłonie, podrzuć do przodu, do góry na wysokość około metra i w biegu staraj się uderzać piłkę, tak by przemieścić się jak najdalej do przodu. Nie zatrzymuj się podczas uderzenia piłki, wszystko musi zostać wykonane w ruchu. Do ćwiczenia możesz wykorzystać linię szesnastki, żeby mierzyć, jaki dystans udało ci się pokonać, gdy na przykład rywalizujesz z kolegami z drużyny.

Cristiano Ronaldo – uderzenie piłki

Jako że była już mowa o Messim, teraz parę słów o Ronaldo. Jest to jeden z najbardziej ambitnych i pracowitych piłkarzy świata. Kiedy jeszcze był dzieckiem, nierzadko zdarzało mu się płakać, gdy nie podawano mu piłki wystarczająco często albo gdy nie udało mu się zdobyć gola. Przeżywał też trudne chwile, gdy jego koledzy nie grali tak dobrze, jak tego oczekiwał. Co za ambicja! To właśnie ambicja i obsesja doskonałości sprawiły, że na cześć Ronaldo wybudowano w jego rodzinnym mieście na Maderze pomnik. Miliony dzieciaków na całym świecie noszą koszulki z nazwiskiem Ronaldo. Skrót CR7 odsyłający do jego inicjałów to najlepiej rozpoznawalny piłkarski symbol świata. Jego kariera potoczyła się błyskawicznie, po tym jak na przedsezonowym sparingu Sportingu z Manchesterem wypatrzył go sam sir Alex Ferguson.

Już wtedy, w 2003 roku, stał się najdroższym piłkarzem młodego pokolenia w lidze angielskiej (gdzie przez sześć kolejnych lat budował swoją piłkarską legendę, zaskakując bramkarzy niejedną petardą wycelowaną w samo okienko zza szesnastki). W słynnym Realu Madryt, którego budżet nie miał dna, doskonale wiedziano, że inwestycja w Ronaldo pomoże klubowi zdobywać najwyższe trofea.

Cechy, które wyróżniają grę Ronaldo, to precyzja i siła uderzenia, która dosłownie zmiata bramkarzy. Piłka po jego uderzeniu osiąga prędkość nawet 130 km/h. Niegdyś jego strzały nie były tak celne jak obecnie. Jednak lata konsekwentnego treningu sprawiły, że większość z nich kończy się golem. Niezależnie od tego, gdzie na boisku i w jakiej odległości od bramki się znajduje, jego uderzenia są zawsze groźne. Potrafi posłać prawdziwą bombę prostym podbiciem, technicznie podkręcić piłkę wewnętrzną częścią stopy lub uderzyć w charakterystyczny sposób, tak że piłka leci... zygzakiem (*knuckleball*).

Aby jak Ronaldo wejść na piłkarskie Himalaje strzałów do bramki, musisz opanować wszystkie możliwe sposoby uderzenia piłki. On przy całym swym kunszcie – właśnie dzięki ustawicznemu szkoleniu tych elementów, dzięki wręcz obsesyjnemu treningowi – uczynił strzał na bramkę swoją piłkarską wizytówką.

Techniki uderzenia piłki

Najprościej byłoby opanować jeden strzał i tylko taki stosować... No właśnie, lecz jak już wiemy, piłka jest nieprzewidywalna. Raz trafi do ciebie idealnie po ziemi pod proste kopnięcie, a innym razem wywinie przed tobą trzy koziołki, odbije się rykoszetem, a na koniec zakręci jeszcze bączka. Co wtedy? Otóż ktoś niezwykle inteligentny i uzdolniony sportowo zauważył, że stopa to nie łopata, którą można wbijać tylko pionowo. Spojrzał, kopnął, pomyślał i natychmiast zrozumiał, że piłka nożna to przecież nie tylko nogi... Uderzył z czoła, bokiem czoła, z wyskoku kolanem i z półobrotu. Właśnie o to w piłce nożnej chodzi. Musisz znać każdą możliwość uderzenia piłki, aby ułamki sekund, które masz do dyspozycji, wykorzystać w stu procentach i... strzelać gole.

Pamiętaj, że sposobów na uderzenie piłki jest wiele. Wyróżniamy uderzenia standardowe, jak choćby proste podbicie czy uderzenie wewnętrzną częścią stopy. Bardzo ważne są również uderzenia sytuacyjne, jak na przykład słynny wolej Zidane'a.

Zacznijmy od uderzeń typowych... Prowadzisz piłkę, by całą siłą skierować ją prosto do bramki. Każdy taki strzał powinien składać się z czterech elementów, o których nie wolno ci zapominać, co więcej, musisz wypracować sobie automatyzm ich wykonywania.

CZTERY ELEMENTY DOBREGO STRZAŁU

1 Rozbieg

Mechanizm jest prosty: gdy dobiegasz do piłki, najpierw wykonujesz małe kroki, a ostatni, gdy już chcesz postawić stopę obok piłki, powinien być większy, tak żebyś dodał mocy uderzeniu. Nie biegnij „na sztywniaka" – noga, na której stoisz, powinna być delikatnie ugięta.

2 Zamach do uderzenia

Stopę postawną kładziesz równolegle do piłki lub trochę przed nią. Nogę, którą zamierzasz uderzyć, przenosisz za siebie, uginając ją. Ponadto zapewniasz sobie równowagę i zwiększasz siłę oddziaływania odpowiednim układem ramion: gdy uderzasz prawą nogą, lewe ramię przemieszcza się do przodu, a prawe do tyłu.

3 Uderzenie

W momencie zetknięcia piłki ze stopą usztywnij kończynę i wyprowadź uderzenie. W zależności od tego, czy jest to uderzenie wewnętrzną częścią stopy czy proste podbicie, odpowiednio ułóż stopę i dodaj mocy piłce, wykonując ruch całą nogą, zaczynając od uda, na stopie kończąc.

4 Wymach po uderzeniu

Nie zatrzymuj stopy, pozwól jej podążać za piłką. Dzięki temu twoje ciało porusza się naturalnie zgodnie z kierunkiem lotu piłki.

Test Krzycha: sprawdź się

Na początek szybkie ćwiczenie: uderz po prostu tak, jak potrafisz. Wykonaj osiem strzałów z linii szesnastego metra na bramkę z zachowaniem wszystkich faz strzału kolejno, jak opisano poniżej:

- **w wolnym prowadzeniu (połowa maksymalnej szybkości)**
- **w szybkim prowadzeniu piłki (maksymalna szybkość)**
- **w wolnym prowadzeniu, z dobiegnięciem do piłki przed strzałem**
- **w szybkim prowadzeniu, z dobiegnięciem do piłki przed strzałem.**

Zanotuj, ile zdobyłeś punktów.

rezultat	punktacja
pudło	0 pkt
gol	1 pkt
gol w powietrzu	2 pkt
okienko	5 pkt

Gdy opanujesz techniki odpowiedniego ułożenia stopy, powtórz ćwiczenie i dla porównania ponownie odnotuj wyniki.

Po szybkim teście czas skupić się na technicznych aspektach, które pozwolą ci zdobywać więcej punktów i – mam nadzieję – bramek w przyszłości.

Uderzenie piłki prostym podbiciem

To najbardziej popularne uderzenie. Pozwala takim zawodnikom jak Ronaldo rozsadzać bramki (a czasem bramkarzy) rywali. Sam, gdybym stał w bramce i zobaczył, jak Cristiano składa się do jednego z tych swoich strzałów huknięć, natychmiast teleportowałbym się do szatni. Proste podbicie sprawdza się przy strzałach podczas prowadzenia piłki, podaniach w biegu, uderzeniach z powietrza, wykopywaniu piłki przez bramkarza i stałych fragmentach gry. Podczas uderzenia noga, na której stoisz, powinna być ugięta w kolanie i ustawiona 10–15 centymetrów obok piłki. Obciągnij stopę (palce skierowane do ziemi) i w pozycji ugiętej przenieś ją za siebie, a następnie nadaj jej siłę uderzenia całą nogą, prostując ją w fazie końcowej. Zwróć uwagę, że kolano jest wysunięte w momencie styku z piłką; jeśli narysowalibyśmy linię, to przebiegałaby przez przednią część piłki. Pamiętaj o naprzemiennym ruchu ramion w stosunku do nóg: gdy uderzasz prawą, lewe ramię kieruje się ku przodowi.

WAŻNA UWAGA:
SKUP SIĘ NA PRAWIDŁOWEJ TECHNICE, UNIKAJ PRZEDE WSZYSTKIM

- skręcania w różne strony stopy – piłka musi zostać uderzona podbiciem na wprost
- odchylania się za mocno do tyłu
- rozluźniania stopy podczas uderzenia
- nieodpowiedniego ułożenia całego ciała, by mieć możliwość nadawania piłce mocy.

Ćwiczenie

Na początek, aby wypracować sobie mechanizm prostego podbicia, uderzaj piłkę z powietrza. Stań około pięciu metrów przed ścianą, chwyć piłkę w dłonie i staraj się kolejno:

- **uderzyć piłkę z powietrza: po ziemi oraz na wysokość klatki piersiowej**
- **uderzyć piłkę po jednym odbiciu: po ziemi oraz na wysokość klatki piersiowej.**

Ćwiczenie powtórz po dziesięć razy każdą nogą, piłkę kieruj prosto przed siebie, tak byś nie musiał biegać na wszystkie strony. Jeśli ćwiczysz z kolegą, możecie stanąć naprzeciwko siebie i kopać w ten sposób, łapiąc piłkę w ręce po każdym uderzeniu.

Ćwiczenie

Uderz piłkę prostym podbiciem z trzech różnych odległości: z linii pola rzutu karnego, z linii szesnastego metra i z połowy boiska. W każdej pozycji wykonaj po sześć strzałów:

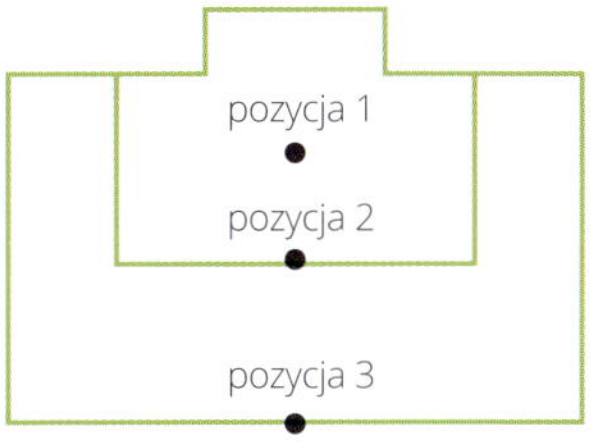

- **tak by piłka potoczyła się do bramki po ziemi**
- **tak by piłka uniosła się w powietrze i wpadła do bramki, nie dotykając ziemi**
- **tak by piłka uniosła się w powietrze, ale przed wpadnięciem do bramki jeden lub dwa razy odbiła się od ziemi.**

Ćwiczenie: prowadzenie piłki ze strzałem

Uderz piłkę prostym podbiciem na trzy sposoby z poprzedniego ćwiczenia, ale prowadząc ją między czterema znacznikami (w ułożeniu jak na rysunku).

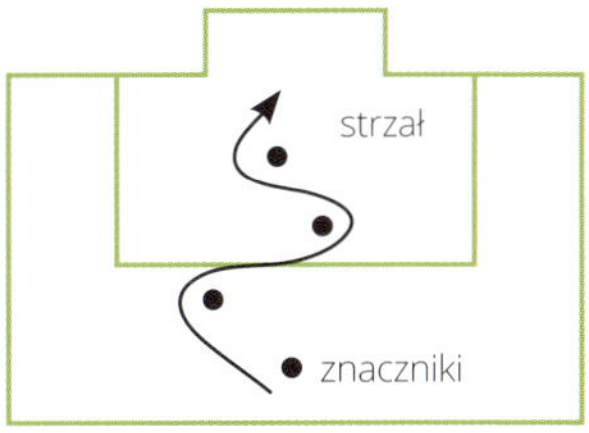

Ćwiczenie (celność)

Prowadź piłkę na bramkę i uderz z linii rzutu karnego kolejno: przy słupku, pod poprzeczkę, w okienko. Trenuj do skutku. Gdy trafisz przy słupku, możesz zacząć ćwiczyć uderzenia pod poprzeczkę. Gdy przejdziesz trzy etapy, rozpoczynasz rundę drugą, w której powtarzasz uderzenia w biegu z linii pola karnego. Odnotuj liczbę strzałów, jaka była ci potrzebna do ukończenia konkurencji.

Uderzenie piłki wewnętrzną częścią stopy

Grałeś kiedyś w golfa? Choćby na komputerze? Zawsze gdy trzeba było precyzyjnie strzelić z bliskiej odległości, używało się do tego celu podłużnego kija. Nie inaczej jest w przypadku piłki. Uderzenie wewnętrzną częścią stopy stosujemy przy strzałach bądź podaniach z bliskich odległości czy podaniach z klepki. Stopa ma w tym miejscu dużą powierzchnię, więc łatwiej o dokładne i piękne wykończenie akcji. Noga, na której stoisz, powinna być odpowiednio ugięta i skierowana do przodu. Noga, którą uderzysz, musi zostać ustawiona właściwie pod kątem prostym do pierwszej nogi. Palce stopy skieruj do góry, ręce zegnij w łokciach, ciało lekko pochyl do przodu dla zachowania równowagi.

UWAŻAJ, ŻEBY NIE POPEŁNIAĆ CZĘSTYCH BŁĘDÓW, TAKICH JAK

- uderzenie piłki z rozluźnionym stawem skokowym
- nieprawidłowe ustawienie stopy postawnej, za daleko od piłki
- popychanie piłki zamiast kopnięcia
- podcinanie piłki palcami do ziemi oraz przeniesienie ciężaru ciała na stopę, którą uderza się piłkę.

Ćwiczenie

Stań w odległości około pięciu metrów od ściany, ustaw piłkę na ziemi, następnie na przemian uderz piłkę z doskoku, kolejno po dziesięć uderzeń na nogę po wykonaniu:

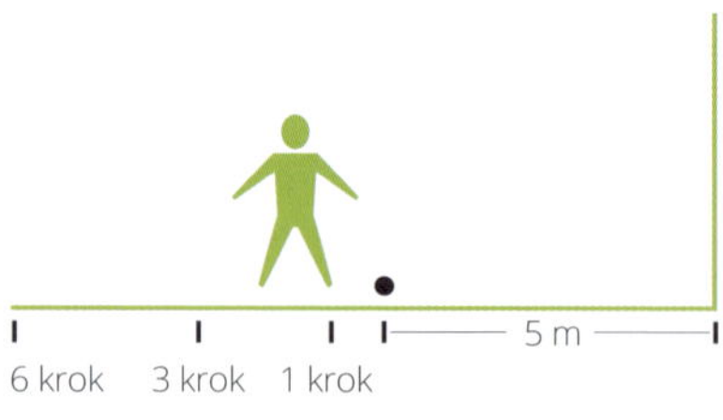

- **jednego kroku**
- **trzech kroków**
- **sześciu kroków marszem i ostatniego kroku z doskoku.**

Ćwiczenie

Ustaw znaczniki w odległości kolejno pięciu, dziesięciu i dwudziestu metrów od bramki. Prowadź piłkę z połowy boiska i kolejno uderzaj trzy strzały w każdej odległości według schematu:

- **strzał po ziemi lekki**
- **strzał po ziemi mocny**
- **strzał w powietrzu.**

Wykonaj w serii dziewięć takich strzałów przy połowie maksymalnej szybkości. Zanotuj, ile bramek udało ci się zdobyć.

Następnie powtórz ćwiczenie przy swojej maksymalnej szybkości.

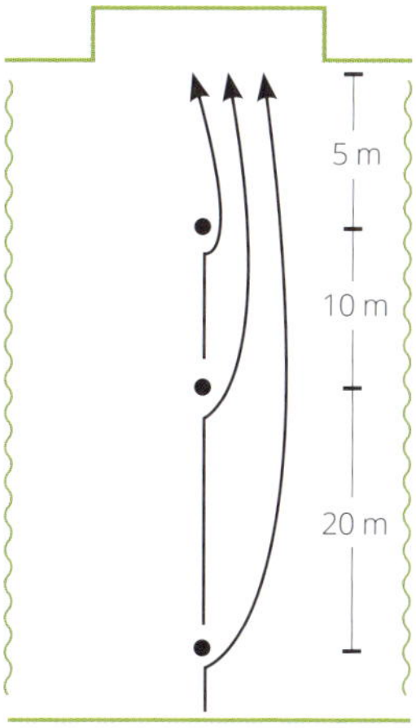

połowa boiska

Ćwiczenie

Potrzebujesz dwóch piłek. Jedną ustaw na wysokości połowy boiska, a drugą na linii szesnastego metra. Twoim zadaniem jest pokonanie z pierwszą piłką zygzaka, w końcowej jego fazie oddanie strzału na bramkę przy lewym słupku po ziemi. Następnie natychmiast dobiegnij do drugiej piłki (która powinna być ustawiona na linii szesnastu metrów), oddaj strzał przy słupku w drugi narożnik bramki.

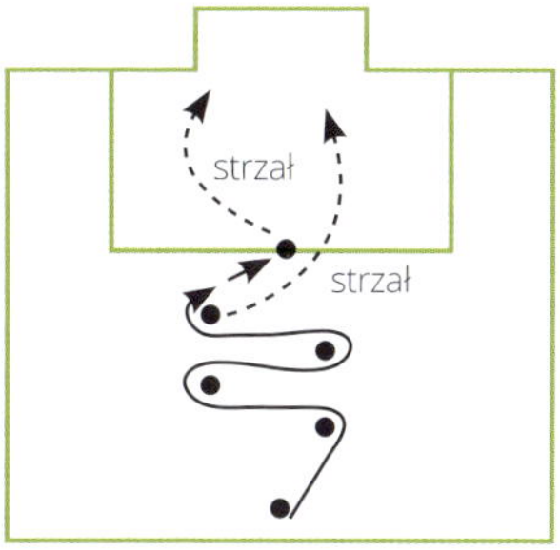

Wykonaj cztery takie serie, po dwie na każdą z nóg. Zanotuj, ile razy udało ci się strzelić, tak że piłka znalazła się maksymalnie w odległości metra od słupka, wpadając do bramki.

Uderzenie piłki wewnętrznym podbiciem

Tak, dobrze zrozumiałeś, to nie pomyłka, znów uderzamy wewnętrzną częścią stopy... Tylko teraz łatwiej będzie nam piłkę unieść do góry niż przy uderzeniu wewnętrzną częścią stopy bez podbicia. Uderzenie wewnętrznym podbiciem sprawdza się przy strzałach, dośrodkowaniach, podaniach na duże odległości czy stałych fragmentach gry, jak rzut rożny. W przypadku tego rodzaju uderzenia rozbieg wykonuje się nie na wprost piłki, lecz pod lekkim kątem. Noga postawna musi być ugięta i znajdować się w pewnej odległości od piłki, nawet około trzydziestu centymetrów. Ostatni krok poprzedzający uderzenie piłki jest mocno wydłużony. Futbolówka zostaje potężnie kopnięta częścią stopy od palców aż do połowy wewnętrznej części stopy (jak na rysunku). Nie zapomnij, że po takim uderzeniu noga podąża za piłką i krzyżuje się z drugą... Ostrożnie z wymachami, gdy koledzy są obok.

PAMIĘTAJ, ABY UNIKAĆ

- uderzenia piłki rozluźnioną stopą, bez ściągnięcia palców do dołu
- odchylania się ciałem do tyłu i zbyt mocnego skręcenia ciała
- złego postawienia nogi, na której opieramy uderzenie (trzydzieści centymetrów jest okej, ale nie więcej, człowieku).

Ćwiczenie Krzycha (technika)

Stań w odległości pięciu metrów od ściany, rzuć piłkę i staraj się uderzyć w kierunku ściany, tak aby piłka odbiła się na wysokości oczu (nie wyżej). Ćwiczenie powtórz po dziesięć razy każdą nogą, najpierw uderzając piłkę:

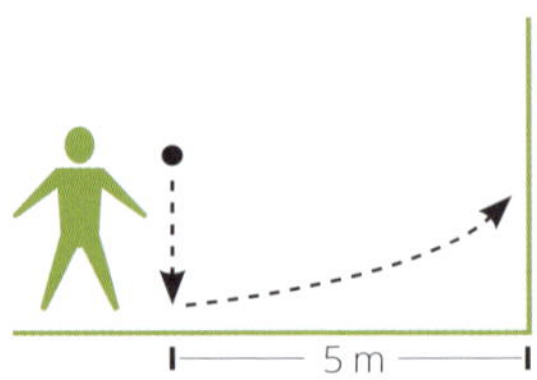

- **bezpośrednio z rzutu z rąk**
- **następnie po jednym koźle od ziemi.**

Ćwiczenie (celność)

Prowadź piłkę w poprzek boiska kolejno w odległości rzutu karnego, pola karnego i połowy boiska. Następnie oddaj po trzy strzały każdą nogą. Tym razem celem jest poprzeczka. Ćwiczenie powtórz najpierw przy:

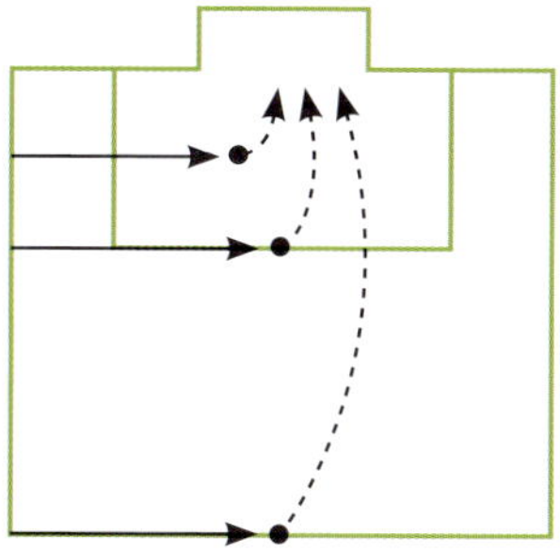

- **połowie maksymalnej szybkości**
- **maksymalnej szybkości.**

Zanotuj, ile razy (na łącznie osiemnaście prób) udało ci się trafić w poprzeczkę i jaka była twoja celność w zależności od tempa wykonywanego ćwiczenia.

Ćwiczenie (siła i celność)

Ćwiczenie rozpoczynasz z rogu linii połowy boiska. Prowadzisz piłkę do narożnika szesnastki i oddajesz kolejno strzały:

- **prawą nogą w kierunku okienka przy długim słupku**
- **prawą nogą do bliższego okienka.**

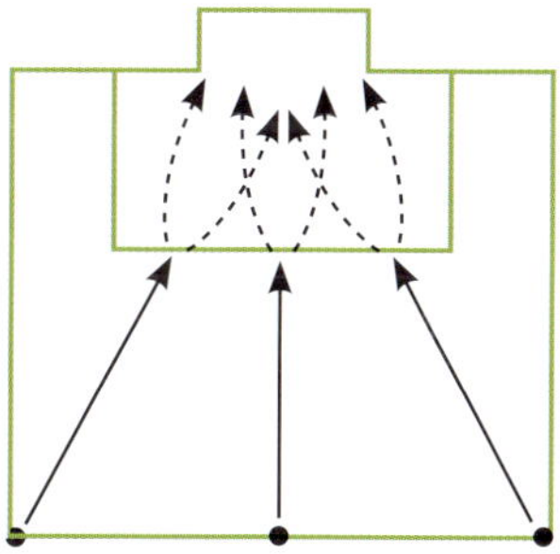

Takie serie powtarzasz dwa razy (cztery strzały). W tym przypadku oddajesz strzały techniczne.

Następnie startujesz ze środka boiska. Biegniesz, oddając strzały jak poprzednio, tylko ze środka szesnastki. Wykonaj dwie serie po cztery strzały każda (najpierw prawą nogą, potem lewą). Postaraj się oddać mocne strzały techniczne, ale znacznie mocniejsze niż w poprzednim ćwiczeniu.

Teraz z kolei rozpoczynasz ćwiczenie z drugiego rogu połowy boiska i uderzasz z rogu szesnastki:

- **lewą nogą w kierunku okienka przy długim słupku**
- **lewą do bliższego okienka.**

Takie serie powtarzasz dwa razy (cztery strzały). W tym przypadku oddajesz strzały techniczne.

Zanotuj, ile razy udało ci się trafić w okienko z każdej pozycji. Dostosuj prędkość do siły strzału, skupiając się na odpowiednim uderzeniu piłki.

Uderzenie piłki zewnętrznym podbiciem

Popularne zagranie wprowadzające przeciwnika w błąd, świetnie sprawdzające się w bokach szesnastki, gdy trzeba uderzyć piłkę po długim słupku albo niespodziewanie dośrodkować koledze na główkę. Przez niektórych wykorzystywane w rzutach wolnych, ale akurat o tym będzie mowa w kolejnym rozdziale. Piłka uderzana jest częścią stopy widoczną na zdjęciu, czyli częścią buta od nasady palców do przedniego brzegu kostki. Jeśli zamierzasz podać piłkę na wprost albo pod lekkim kątem, to należy tak samo nabiegać (na wprost lub pod kątem). Jeżeli chcesz podkręcić piłkę, nabiegnięcie powinno odbyć się według schematu: uderzenie prawą nogą z lewej strony piłki albo lewą nogą z prawej strony piłki. Stopę postawną kładziesz na wysokości piłki w bliskiej jej odległości po jednej ze stron. Podczas uderzenia pracujesz również ramionami, bark przeciwny do nogi uderzającej wysuwając do przodu. Piłkę uderzasz obok jej środka ciężkości, a nie jak przy prostym podbiciu w centralnym jej punkcie.

PAMIĘTAJ, ABY UNIKAĆ CZĘSTYCH BŁĘDÓW, TAKICH JAK

- za małe skręcanie stopy i uderzenie nie podbiciem, lecz zewnętrzną częścią stopy
- palce skierowane do góry, stopa nieobciągnięta do dołu.

Ćwiczenie

Ustaw się w odległości około dziesięciu metrów od kolegi i i podawajcie sobie na przemian piłki kolejno według schematu:

- **uderzenie po rzucie piłki rękami (piłka sięga nie wyżej niż do poziomu waszych głów)**
- **uderzenie po jednym koźle rękami (piłka na wysokości waszych bioder)**
- **uderzenie z ziemi z rozbiegu złożonego z trzech kroków, w powietrzu**
- **uderzenie z ziemi z rozbiegu złożonego z trzech kroków, po ziemi.**

Ćwiczenie

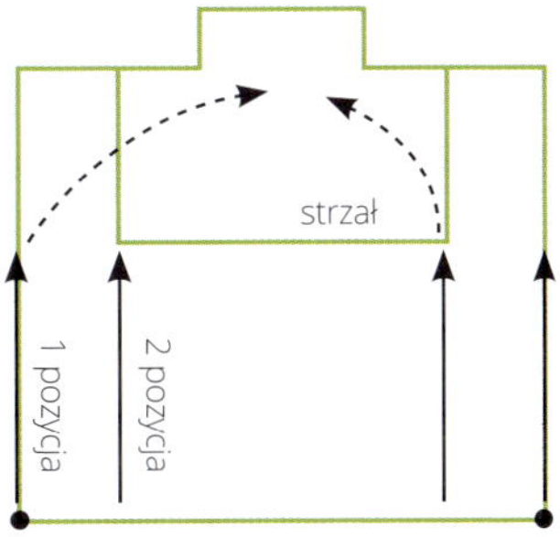

Ćwiczenie rozpoczynasz wzdłuż linii autowej w połowie boiska. Prowadzisz piłkę po linii autowej do wysokości szesnastki, a następnie uderzasz zewnętrzną częścią stopy jak najbliżej drugiego słupka bramki. Oddaj trzy takie strzały na bramkę.

Druga pozycja: zaczynasz ze środka boiska, tak aby narożnik szesnastki znalazł się na wprost ciebie biegnącego do bramki. Z narożnika oddajesz po trzy strzały w kierunku dłuższego jej słupka. Następnie ćwiczenia powtarzasz po przeciwnej stronie boiska, drugą nogą, wykonując każdorazowo po trzy strzały.

Zanotuj liczbę zdobytych goli.

Ćwiczenie

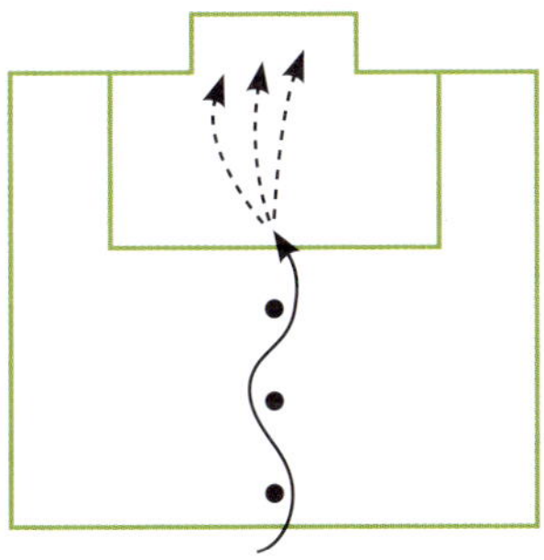

Od środka boiska w kierunku bramki rozkładasz trzy znaczniki, prowadzisz piłkę slalomem między nimi, a następnie na wysokości szesnastki oddajesz strzał w kierunku bramki zewnętrzną częścią stopy. Każdą z nóg wykonujesz: uderzenie po ziemi przy słupku, mocny strzał w powietrzu i techniczne uderzenie w poprzeczkę. Do drugiego strzału możesz przejść, dopiero gdy pierwszy po ziemi przy słupku zostanie wykonany prawidłowo. Ćwiczenie powtórz każdą nogą.

Cztery sposoby uderzenia piłki nogami będą przez ciebie wykorzystywane najczęściej i pozwolą ci na najlepsze panowanie nad nią. Tak jak wspomniałem na początku, futbol jest jednak grą sytuacyjną i czasem nie przewidzisz, w jaki sposób piłka wpadnie ci pod nogi albo… pod głowę. Czas poćwiczyć również takie zagrania, które uczynią cię piłkarzem uniwersalnym… Przypomnę najistotniejszą kwestię: masz myśleć głową na boisku… ale też głową będziesz mógł na przeróżne sposoby uderzać piłkę, a każdy z nich sprawdzi się w innych okolicznościach.

Uderzenie piłki głową przednią częścią czoła

Dzięki odpowiedniemu ułożeniu i pracy całym ciałem, uderzając piłkę głową, naprawdę możemy skierować do siatki prawdziwą bombę. Futbolówkę powinieneś uderzyć przednią częścią czoła, ze względu na dużą płaską jego powierzchnię, stąd możliwość nadania piłce odpowiedniego kierunku. Uderzenie w przód możesz wykonać z miejsca, z podskoku lub mocnego nabiegu w zależności od tego, w jaki sposób na twoją głowę powędruje piłka. Najważniejsze zasady przy uderzeniu to ugięte kolana, ramiona lekko ugięte i uniesione na wysokość twojej klatki piersiowej. W początkowej fazie, aby nadać piłce szybkości, odchylasz się do tyłu, nachylasz brodę i przyciągasz ją do klatki piersiowej, napinasz mięśnie szyi i z impetem uderzasz piłkę czołem. Gdy już uderzysz, całe twoje ciało podąża za piłką, natomiast ramiona wędrują do tyłu. Zanim przejdziesz do ćwiczeń, opanuj technikę i ułożenie ciała bez piłki.

Uderzenie piłki boczną częścią czoła

To uderzenie wykorzystuje się, gdy piłka przywędruje do nas z boku, bardzo często bywa także stosowane przez obrońców przy wybijaniu piłki. Aby uzyskać maksymalną odległość, musi nastąpić skręcenie tułowia. Pamiętaj jednak, że nadal uderzasz piłkę czołem, a nie – jak czasem błędnie to robisz – skronią. Piłkę musisz uderzyć w sam środek ciężkości i podczas uderzenia mocno usztywnić mięśnie szyi.

Ćwiczenie

Stań w odległości około dwóch metrów od ściany, ujmij piłkę dłońmi, a następnie podrzuć do góry i staraj się żonglować nią ze ścianą, tak aby uzyskać jak największą liczbę odbić. Pamiętaj o odpowiedniej sylwetce. Twój cel na pierwszy trening to co najmniej pięć takich odbić. Każdego dnia staraj się zwiększać ich liczbę.

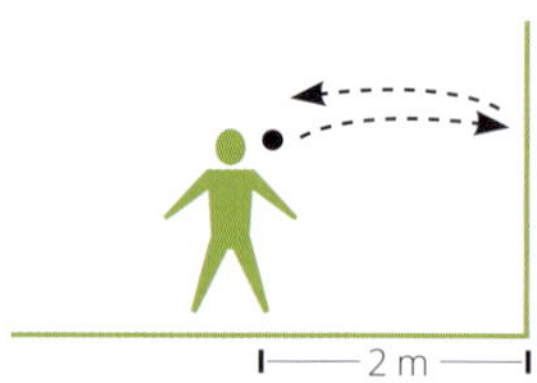

Ćwiczenie

Stań na linii rzutu karnego przodem do bramki. Będziesz musiał osiągnąć trzy różne cele: uderzenie piłką w poprzeczkę, uderzenie piłką w powietrzu oraz uderzenie piłką z główki do ziemi. Ujmij piłkę dłońmi i rzuć tak, żeby:

- **osiągnąć cele, od razu gdy piłka wpadnie ci na głowę z powietrza**
- **osiągnąć cele, tak aby piłka przed twoim uderzeniem odbiła się kozłem na polu karnym, a następnie jak najszybciej dobiec i zdobyć bramkę.**

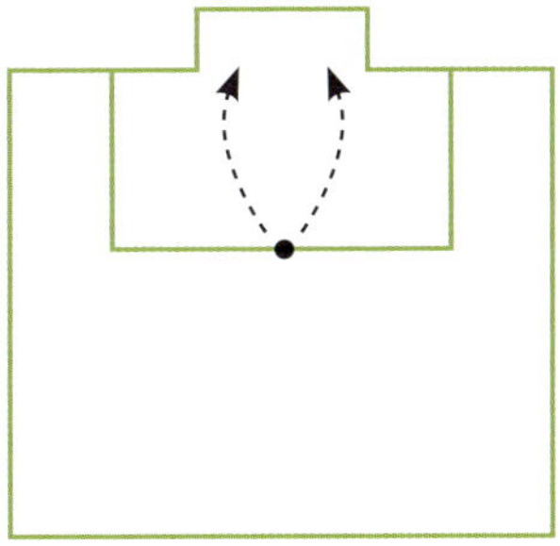

Zapisz datę i liczbę prób, jakich potrzebowałeś do osiągnięcia wyznaczonych celów.

Uderzenia piłki tyłem głowy

Przydatne przy wyskokach, kiedy lot piłki należy tylko przedłużyć w pożądanym kierunku lub delikatnie zmienić kierunek jej lotu, tak aby bramkarz nie zorientował się, dokąd powędruje. Bardzo ważne jest, aby mocno ugiąć kolana i odchylić tułów do tyłu. W momencie kiedy będziesz uderzał, musisz, człowieku, szybko wyprostować nogi w stawach kolanowych, a biodra przesunąć do przodu.

Ćwiczenie Krzycha

Stań w odległości trzech metrów od ściany, rzuć piłkę, tak by odbiła się od niej w powietrzu i wróciła do ciebie. Następnie ćwicz fazę uderzenia i przyjmowania odpowiedniej sylwetki, tak by piłka została odbita do ciebie z tyłu. Ćwiczenie możesz powtórzyć również z kolegami: jeden niech zajmie miejsce przed tobą, drugi za tobą, i zmieniajcie się kolejno.

Uderzenie piłki głową z wyskoku

Nie zawsze jest łatwo i rzadko można skierować piłkę prosto do bramki... Najczęściej przecież gdzieś w pobliżu znajduje się obrońca, który będzie chciał wybić piłkę lub ją przejąć. Wtedy aby uzyskać zamierzony efekt, musisz się wykazać skocznością. Uderzenia z wyskoku możemy podzielić na kilka rodzajów w zależności od sposobu wybicia.

Wybicie obunóż

Przed samym wyskokiem musisz silnie ugiąć obydwie nogi w stawie kolanowym i skierować ramiona do tyłu. W momencie wybicia z dwóch nóg następuje odchylenie górnej części tułowia, uniesienie ugiętych nóg, poprowadzenie rąk przed siebie i szybkie uderzenie z pochyleniem całego ciała do przodu. Po uderzeniu nogi i ramiona wracają do pozycji wyjściowej. Tak to wygląda w wielkim skrócie.

Wybicie z jednej nogi

Stosowane zwykle, gdy rywal nie jest bardzo blisko, a i planowana docelowa wysokość podskoku ma być mniejsza, niż wtedy gdy konieczne jest wybicie obunóż. Wybijamy się na jednej nodze, podczas gdy druga, którą wymachujemy, jest ugięta w kolanie. Faza lądowania i uderzenia jest taka sama jak przy wyskoku obunóż.

Uderzenie piłki z tak zwanego szczupaka

Stosujemy w wyjątkowych okolicznościach. Wykorzystujesz je, gdy piłka nadlatuje z przodu i znajduje się już poniżej wysokości głowy. Skok może odbyć się z jednej lub dwóch nóg, natomiast różnica polega na tym, że jego wybicie skierowane jest przede wszystkim do przodu, a nie - jak wcześniej - do góry i do przodu.

Ćwiczenia na uderzenia piłki głową
Stań około pięciu metrów za środkiem boiska, podrzuć piłkę i pozwól jej odbić się raz od ziemi, tak by odbicie nastąpiło dokładnie na środku boiska. Wykonaj po trzy uderzenia każdą z technik na wprost siebie, zapisując odległość, na jaką poleciała piłka. Pracuj nad siłą uderzenia i staraj się nadać piłce odpowiednią wysokość.

Ćwiczenie (celność)
Ćwiczysz z kolegą. Niech on stanie za bramką. Twoim zadaniem jest zdobyć jak najwięcej punktów, uderzając piłkę w odpowiednie miejsca na bramce. Twój kolega rzuca piłkę do góry, ty nabiegasz z linii szesnastki i zdobywasz swoje punkty. Wykonaj tak pięć strzałów i zanotuj, ile punktów udało ci się uzbierać. Śrubuj rekord, aż uda ci się dojść do perfekcji.
Punktacja: za trafienie w okienko przyznajesz sobie 5 pkt, za strzał przy słupku / pod poprzeczką – 3 pkt, za gol –1 pkt.

Nie, nie, nie, to jeszcze nie koniec szkolenia w zakresie uderzeń. Wspominałem o uderzeniach sytuacyjnych. Musisz pamiętać także o nich.

Uderzenie piłki z woleja

Uwielbiam gole zdobywane w taki sposób. W tym przypadku ogromnie ważne jest odpowiednie utrzymanie równowagi. Odpowiedzialna za to jest noga postawna w momencie uderzenia, dla asekuracji musisz ponadto szybko rozłożyć ramiona. Najlepsze tego rodzaju strzały są wykonywane z prostego podbicia. Aby były one doskonałe, usztywnij kostkę w nodze, którą uderzasz piłkę, a następnie prowadź ją do końca za uderzeniem.

Ćwiczenie Krzycha

Stań przy ścianie w odległości około dziesięciu metrów i rzuć piłkę, tak aby raz odbiła się od ziemi. Następnie wyznacz sobie miejsca (cele) na ścianie, w które zamierzasz trafić, i strzelaj, tak aby piłka powędrowała właśnie w wyznaczony punkt. Gdy zacznie ci się to udawać, zwiększ odległość, a następnie zmień miejsce ćwiczeń na boisko z bramką.

Uderzenie z przewrotki

Niebezpieczne dla amatorów, ale czasem zabójczo skuteczne dla profesjonalistów takich jak Cristiano Ronaldo. Ja przewrotkę wykonywałem zawsze z prawej nogi. Wybicie powinno nastąpić z nogi, którą chcemy uderzyć piłkę. W tym samym momencie lewe kolano podciągane jest do góry, prawe ramię do góry, lewy bark do tyłu, tyłów jest odchylany do ziemi, prawa noga wędruje ponad głową. Piłkę uderzasz płaskim podbiciem a następnie amortyzujesz uderzenie, spadając najpierw na ręce, a nie prosto na plecy. Przewrotkę jednak ćwicz najpierw tylko na grubym materacu. Próbuj wyrzucać sobie piłkę rękami ponad głowę.

Uderzenie ze szpica

Każdy, kto próbował je wykonać, zdaje sobie sprawę, że zapanować nad takim uderzeniem jest ciężko. Jeżeli piłka zostanie w ten sposób trafiona, to bardzo często w powietrzu zachowuje się absolutnie nieprzewidywalnie. Jeśli już musisz, uderzasz na nogach lekko ugiętych w kolanach, kierując kopnięcie w środek ciężkości piłki. Stopa powinna być usztywniona, a palce stanowić jej przedłużenie.

Uderzenie z pięty

Aby zdobyć bramkę, stosowane powinno być tylko, gdy zawodnik jest obrócony tyłem ekstremalnie blisko bramki i i nie ma czasu na inną decyzję. Noga postawna jest minimalnie ugięta, na niej właśnie utrzymujesz równowagę. Uderzenie wykonujesz samym środkiem pięty, nadając mu siłę odpowiednim pochyleniem całego ciała.

Neymar da Silva Santos Júnior – przyjęcie piłki

Ten zawodnik to prawdziwy wirtuoz przyjęcia piłki. Zobacz, jak on to robi. Piłka sama spada mu pod nogi. Myślisz, że to łatwe? Że może ma dużo szczęścia? Nic bardziej mylnego! Człowieku, to lata praktyki. Ów gracz spędził całe życie, ćwicząc przyjęcia, aż doszedł do prawdziwej perfekcji.

Jego kariera jako profesjonalnego piłkarza zaczęła się w Santosie, gdzie zadebiutował w wieku 17 lat. Pierwszego gola zdobył już w drugim meczu. Wyróżniał się nienaganną techniką, o jakiej inni Brazylijczycy (tak, dobrze usłyszałeś, Brazylijczycy) mogli tylko pomarzyć. Zaczęto go nawet porównywać do Pelego. Taki talent nie mógł pozostać niezauważony – zainteresowała się nim wielka Barca. Co ciekawe, jego debiut w barwach dumy Katalonii odbył się w Polsce, w Gdańsku (może ktoś z was był nawet na tym meczu?). Mimo że wszedł na boisko dopiero w 80. minucie, nasi zawodnicy próbowali go skosić z siedem razy! To, co dla wielu piłkarzy byłoby utrudnieniem, a więc wątła postura, w połączeniu z szybkością i nieprzewidywalnością zagrań stało się wielkim atutem tego zawodnika. Nieważne, czy piłka leci z góry, z dołu czy zza niego samego, w mgnieniu oka potrafi ułożyć się doskonale. Już w trakcie przyjęcia jest w stanie wyprowadzić piłkę, tak by w kolejnej sekundzie rozpocząć szarżę na bramkę. U innych piłkarzy zwody wyglądają na zaplanowane, w przypadku Neymara nikt do końca nie wie, czego można się po nim spodziewać. Jego repertuar przyjęć (piętką, podeszwą, zewnętrzną częścią stopy czy nawet plecami) jest niewiarygodny.

Krzych radzi, jak prawidłowo przyjąć piłkę
Najlepsze przyjęcie to... skuteczne przyjęcie
#KrzychMyśliciel

Abyś mógł skutecznie przyjmować piłkę, musisz cierpliwie trenować każdą z technik.

Począwszy od prostego odbioru wewnętrzną częścią stopy, a skończywszy na tym arcytrudnym, wręcz hardcorowym w wykonaniu Neymara – z przełożeniem piłki (na zdjęciu). Technika Neymara jest tak znakomita, że nie ma różnicy, czy piłka leci z góry, z boku czy mocno kopnięta z dużą prędkością toczy się po ziemi. Po świetnym przyjęciu od razu przechodzi do ataku.

Zacznijmy zatem naszą wspólną (tak!) pracę nad poprawą techniki przyjęcia, by i dla nas takie zagrania były łatwizną. Od czego zacząć? Od podziału – Krzych podzielił przyjęcia na dwa typy, których nikt z was nie będzie się spodziewał.

Dwa typy przyjęć

- **gdy piłka turla się do nas po ziemi**
- **gdy piłka leci do nas w powietrzu albo odbija się od ziemi, a trzeba szybko zabrać się do roboty.**

Przyjęcia, gdy piłka turla się po ziemi

Jak łatwo się domyślić, trzeba posłużyć się stopą. W przypadku grania po ziemi piłkę przyjmujesz albo podeszwą stopy, albo wewnętrzną jej częścią. Zależy ci na jak dokładniejszym i prostym zagraniu. Nie ma sensu tracić czasu i energii na wykrzywianie nóg, przyjmowanie zewnętrzną częścią stopy czy prostym podbiciem. Oczywiście technicznie jest to możliwe do zrobienia, ale już wykonanie tego z dokładnością co do centymetra graniczy z cudem...

Przyjęcie piłki wewnętrzną częścią stopy

Noga, na której stoisz, powinna być lekko ugięta, skierowana przodem do kierunku, z którego dotrze piłka. Stopa przyjmująca ma być ustawiona prostopadle do drugiej nogi, a jej wewnętrzna część – skierowana w stronę piłki (nogi pozostają cały czas ugięte). Aby zmniejszyć energię, jaką niesie z sobą zmierzająca ku nam piłka, w momencie jej kontaktu ze stopą delikatnie cofasz nogę do tyłu na odległość kilkunastu centymetrów. W momencie przyjęcia jesteś pochylony w stronę piłki, a noga, którą ją przyjmujesz, nie może być sztywna.

Ćwiczenia Krzycha

Stań na wprost kolegi, odległość między wami w pierwszej fazie ćwiczenia powinna wynosić około pięciu metrów. Podajecie sobie piłkę po ziemi z różną siłą uderzenia: najpierw na trzydzieści procent możliwości, potem na pięćdziesiąt procent, a następnie na sto procent – najsilniej jak tylko potraficie.

Po wykonaniu takiej serii zmieńcie odległość na większą: najpierw na dziesięć metrów, a potem na dwadzieścia i powtórzcie ćwiczenie, przyjmując futbolówkę na lewą i prawą nogę.

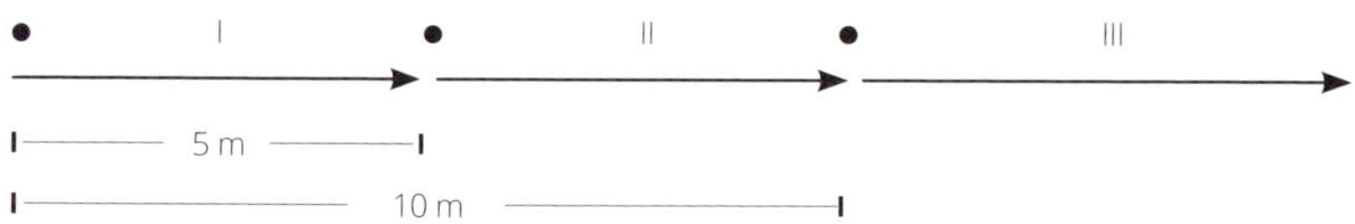

Przyjęcie piłki podeszwą stopy

To przyjęcie jest stosowane powszechnie w piłce halowej oraz na boisku, gdy piłka toczy się wolno po ziemi. Stopa, na której stoisz, powinna być ustawiona palcami w kierunku zbliżającej się piłki. Druga stopa, czyli ta przyjmująca piłkę, musi być ustawiona równolegle do drugiej. Palce mają być odchylone do góry, a podeszwa buta – odchylona do góry pod odpowiednim kątem, tak aby móc zablokować piłkę. Częstym błędem jest próba zatrzymania piłki z góry, bez odchylenia stopy. Co drugie tego rodzaju przyjęcie okazuje się nieudane, szczególnie gdy piłka toczy się szybciej, niż przewidywałeś, dlatego nie polecam tego sposobu.

W trakcie przyjmowania cały czas patrzysz na piłkę i standardowo cofasz lekko nogę w momencie jej kontaktu z piłką. Cały manewr wykonujesz na luzie, bez usztywniania stopy.

Ćwiczenie Krzycha

Stań w odległości około dwudziestu metrów od kolegi. Zacznij biec w jego stronę. Jego zadaniem jest zagrać piłkę dokładnie pod twoją nogę. W odpowiednim momencie przyjmij piłkę podeszwą i poprowadź w kierunku kolegi. Następnie zamieńcie się miejscami i powtarzajcie ćwiczenia w różnych odległościach. Gdy dojdziecie do wprawy, zwiększajcie moc podań – to będzie dla was prawdziwe wyzwanie.

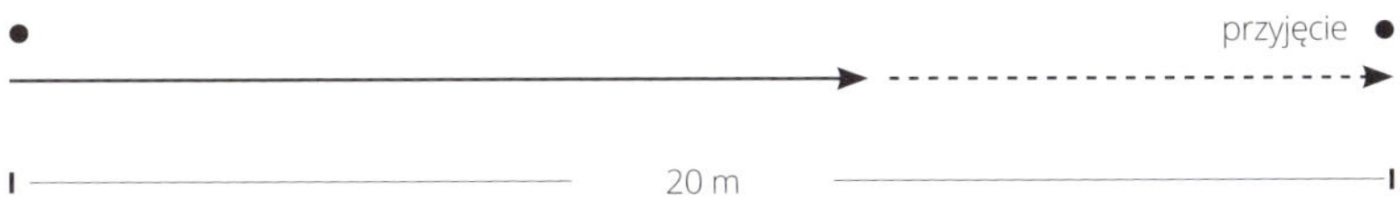

Przyjęcia, gdy piłka leci do nas w powietrzu albo odbija się od ziemi

W tym przypadku mamy właściwie całą gamę przyjęć do opanowania. Większość z nich pozwoli ci od razu „zgasić" piłkę, a czasem natychmiastowo wyprowadzić atak na bramkę przeciwnika, jak na przykład przy przyjmowaniu piłki w pełnym biegu klatką piersiową. Zobaczmy, o co dokładnie chodzi.

Proste podbicie

To znany sposób stosowany przez co drugiego Brazylijczyka. Najważniejsze jest odpowiednie tak zwane czucie piłki i amortyzacja siły, z jaką piłka spada na ziemię. Świetnie sprawdza się przy wysokich zagraniach z góry. Noga, na której stoisz, powinna być wzniesiona (właściwie wspierać się na palcach) i lekko ugięta w kolanie. Stopa, którą przyjmujesz piłkę, ma być uniesiona, a kolano ugięte. W momencie kontaktu nogi z piłką stopa przemieszcza się do poziomu podłoża. Nie możesz pozwolić, żeby piłka odbiła się od ziemi i od ciebie odleciała. Na początku polecam dobrze rozłożyć ręce i lekko pochylić się do przodu w trakcie przyjęcia.

Ćwiczenie Krzycha

Twoim zadaniem jest wyrzucanie piłki do góry kolejno na wysokość: twojej głowy, metr nad głową, dwóch metrów nad głową, pięciu metrów nad głową, dziesięciu metrów i najwyżej jak potrafisz. Musisz odpowiednio zamortyzować uderzenie za pomocą prostego podbicia. Do kolejnej wysokości możesz przejść, dopiero gdy poprawnie wykonasz ćwiczenie na niższym pułapie. Piłkę wyrzucaj tak, byś mógł do niej dobiec, a nie tylko stał i czekał na nią w jednym miejscu.

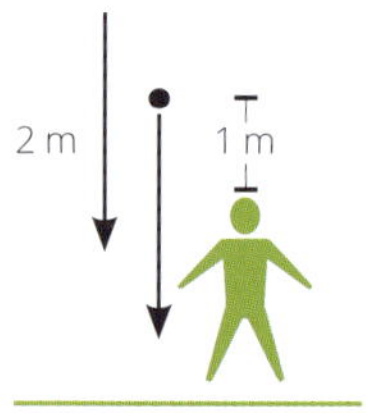

Odbicie wewnętrzną częścią stopy

Noga, na której stoisz, powinna być lekko ugięta. Noga przyjmująca ma być nieco wysunięta do przodu – wewnętrzną częścią w kierunku, z którego nadleci piłka. W momencie zetknięcia buta z piłką delikatnie cofasz nogę. Ten sposób sprawdza się idealnie przy długich przerzutach z jednej strony boiska na drugą, gdy piłka nadlatuje na wysokość między podłożem a kolanem.

Ćwiczenie Krzycha

Do ćwiczenia potrzebny będzie sznurek lub siatka na piłkę. Chwytasz koniec siatki jedną ręką, a następnie kopiesz w zawieszoną piłkę i ćwiczysz przyjęcie piłki.

Ćwiczenie Krzycha

Znajdujesz ścianę, od której oddalasz się na odległość od trzech do pięciu metrów. Uderzasz piłkę, tak aby odbiła się i wróciła do ciebie w powietrzu, a następnie przyjmujesz kolejno pięć razy prawą, pięć razy lewą nogą i dziesięć razy na zmianę.

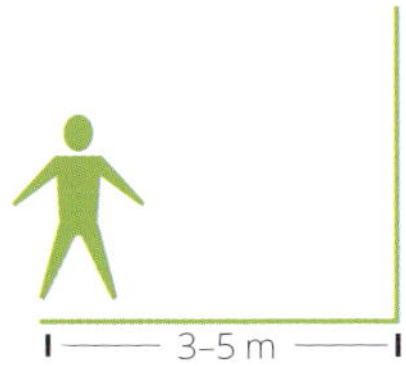

Przyjęcie zewnętrznym podbiciem

Jest to bardzo przydatne przyjęcie, jeśli chcemy szybko zmienić kierunek biegu. Polecam je wszystkim wirtuozom boiskowym. Noga postawna ma być lekko ugięta w kolanie – na niej będzie spoczywał ciężar całego ciała. Drugą nogę, którą będziemy przyjmować piłkę (a która w momencie kontaktu z nią krzyżuje się z pierwszą nogą), również lekko uginamy, nieznacznie przesuwamy i jakby odwodzimy razem z piłką. Ramiona powinny być rozstawione szeroko, zgięte na wysokości klatki piersiowej.

Ćwiczenie Krzycha

Stajesz w odległości trzech metrów od środka boiska. Rzucasz piłkę rękami, tak by odbiła się na samym środku, jak najszybciej podbiegasz do niej i przyjmujesz ją zewnętrznym podbiciem – maksymalnie po dwóch kozłach.

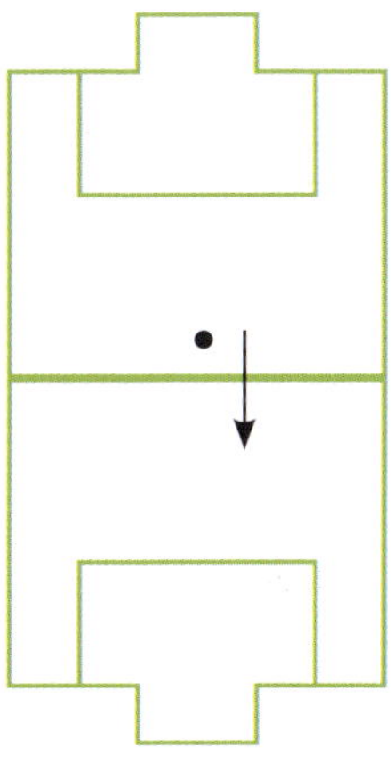

Ćwiczenie Krzycha

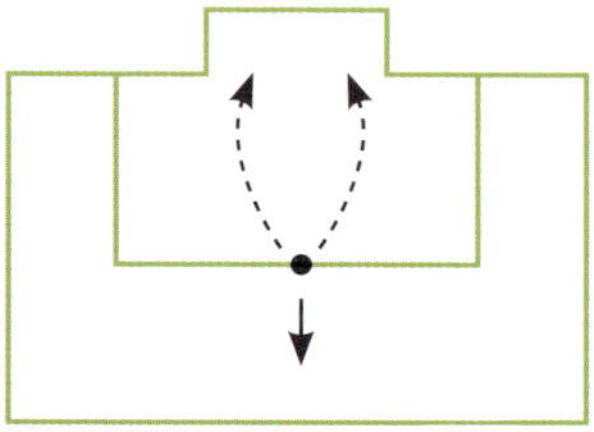

Stań na linii szesnastu metrów tyłem do bramki. Wyrzucaj piłkę na trzy wysokości: tuż ponad głowę, na dwukrotność twojego wzrostu oraz najwyżej jak potrafisz. Przyjmuj piłkę z powietrza zewnętrznym podbiciem. Nie możesz pozwolić jej się odbić od ziemi. Od razu po przyjęciu kieruj się w stronę bramki i oddaj (najlepiej celny) strzał.

Przyjęcie piłki udem

Ta technika sprawdza się, gdy chcesz kontynuować akcję natychmiast po przyjęciu, a piłka lądująca przed tobą znajduje się na wysokości brzucha. Uginasz lekko nogę postawną, kolano nogi przyjmującej podnosisz i w momencie kontaktu uda z piłką delikatnie cofasz nogę przyjmującą do tyłu, tak aby zamortyzować siłę uderzenia piłki.

Ćwiczenie Krzycha

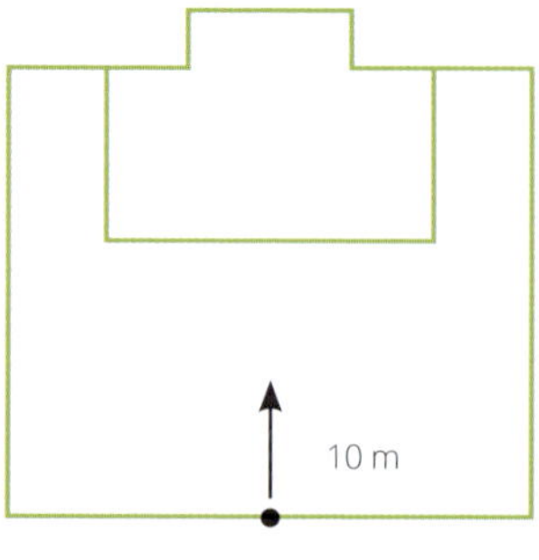

Ćwiczenie zaczynasz na środkowej linii boiska. Wybijasz piłkę nogą na dużą wysokość, przynajmniej dziesięć metrów przed siebie. Następnie pędem dobiegasz do spadającej piłki, starając się przyjąć ją kolanem. Ćwiczenie powtarzasz drugą nogą, starając się nie zwolnić tempa, w jakim się poruszasz.

Przyjęcie piłki głową

W momencie gdy piłka nadlatuje do nas z dużej wysokości, a jesteś na przykład przy linii autowej, możesz piłkę odebrać głową. Sposób ten jest bardzo często wykorzystywany przez najlepszych zawodników. Aby odpowiednio przyjąć piłkę głową, należy być w pozycji w wykroku. Ręce powinny być uniesione i zgięte w łokciach. Tuż przed samym przyjęciem lekko unosisz się na palcach stóp, by w momencie kontaktu głowy z piłką delikatnie wycofać całe ciało. Uderzenie lecącej piłki zostanie wtedy odpowiednio zamortyzowane. Pomyśl, że balansujesz ciałem jak prawdziwy boiskowy freestyler. Ten sam sposób przyjęcia sprawdza się również w wyskoku. Tylko różnica polega na tym, że zamiast przejść z palców na całą stopę, musisz odebrać piłkę w momencie opadania w powietrzu.

Ćwiczenie Krzycha

Przypomnij sobie uderzenia piłki z główki. Teraz pomyśl, że musisz wykonać tylko pierwszą fazę, czyli odchylenie tułowia do tyłu, gdy piłka będzie się zbliżała do twojego czoła. Weź piłkę i wyrzucaj raz po raz rękami do góry, tak by przyjmować ją czołem, próbując ją „zgasić", a nawet balansować nią podczas przyjęcia z powietrza. To samo zadanie powtórz z kolegą, z którym będziecie rzucać sobie piłkę na zmianę. Ćwiczenie wykonuj na razie bez wyskoków.

Ćwiczenie Krzycha

Stań na wprost kolegi, który trzyma piłkę. Na sygnał zacznij się cofać, a kolega niech zagra do ciebie piłkę w powietrzu. Powtarzajcie takie ćwiczenie w ruchu w różnych odległościach od siebie. Staraj się przyjąć piłkę na stojąco i z wyskoku (poproś wtedy kolegę, by podawał trochę wyżej).

Przyjęcie piłki klatką piersiową

W zależności od tego, jak przypakowana jest twoja klata, można wyróżnić dwa sposoby… Żartowałem, zawsze można wyróżnić dwa sposoby! Albo przyjmujemy piłkę, wysuwając klatkę piersiową do przodu, uginając kolana i odchylając się do tyłu, tak by piłka odbiła się od klatki piersiowej, albo ją cofamy jak przy standardowych odbiciach i „gasimy" na niej piłkę.

Gdy cofamy klatkę piersiową, powinniśmy najpierw stanąć w rozkroku, wyprostować ramiona i wysunąć biodra do przodu. Gdy piłka dotknie naszego ciała, barki i ramiona szybko wędrują do przodu, a klatka piersiowa do tyłu.

Gdy chcemy odbić piłkę torsem, stoimy szeroko na nogach z ugiętymi kolanami. Biodra wysunięte są do przodu, a ręce zgięte w stawie łokciowym, tułów zaś pozostaje odchylony do tyłu. W momencie zetknięcia piłki z klatką piersiową delikatnie prostujemy kolana, ramiona wędrują do przodu i klatka piersiowa zostaje wypchnięta pod kątem do piłki.

Każde z zaproponowanych ćwiczeń wykonaj (wykonajcie) na dwa sposoby przyjmowania piłki klatką piersiową.

Ćwiczenie

Stań w odległości około pięciu metrów od partnera i na zmianę dorzucajcie sobie piłki na wysokości klatki piersiowej. Ty przyjmujesz jednym sposobem, a następnie odrzucasz piłkę i jego zadaniem jest przyjęcie drugim sposobem. I tak na zmianę. Ćwiczenie powtarzajcie, zwiększając odległość od siebie w miarę postępów.

Ćwiczenie

Stań na rogach szesnastki. Kolega zagrywa ci piłkę, a twoim zadaniem jest podbiec do niej w kierunku środka szesnastki, przyjąć na klatkę piersiową i natychmiast oddać strzał na bramkę prostym podbiciem. Staraj się tak przyjmować piłkę, aby nie odskoczyła od ciebie dalej niż pół metra i abyś od razu w momencie jej opadania mógł się złożyć do strzału.

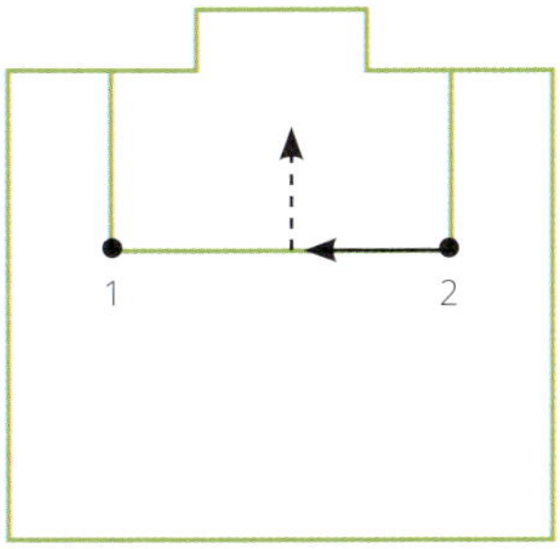

SZALONE PRZYJĘCIA

Piętą, gdy piłka nadlatuje za tobą

Gdy piłka znajduje się za tobą i odbija się, można ją odebrać, wykonując jednoczesne przyjęcie piłki piętą z przerzuceniem jej nad sobą i rywalem. Noga, na której utrzymujesz równowagę, powinna być ugięta w kolanie, twoje ciało skręcone w bok w kierunku nogi przyjmującej i lekko pochylone do ziemi. Piłkę uderzasz piętą lub jej zewnętrzną częścią, odpowiednio odwodząc stopę. Wzrok cały czas podąża za piłką.

Ćwiczenie

Podrzuć piłkę rękami pionowo do góry, aby odbiła się raz od ziemi na wysokość twojej głowy, a następnie skręć tułów i uderzaj piłkę aż do momentu złapania jej rękami przed sobą. Ćwiczenie możesz również wykonać pod ścianą, rzucając piłkę tak, by odbiła się od niej, abyś ty w biegu przerzucił ją piętą nad sobą.

Przyjęcie hokus-pokus

Jest to świetne przyjęcie służące do wyprowadzenia w pole przeciwnika. Stajesz na lekko ugiętych nogach na wprost nadlatującej piłki. Moment przyjęcia następuje nie przed nogą, lecz pod tobą. Wykorzystujesz do tego wewnętrzną część stopy. W chwili zetknięcia z piłką przeskakujesz z nogi podporowej na drugą, która jednoczenie prowadzi piłkę w bok za drugą nogą. Nogi krzyżują się, tak że łapiesz równowagę na nodze przyjmującej i natychmiast biegniesz do piłki.

Ćwiczenie

Złap piłkę w ręce, rzuć i wykop pionowo nad siebie. Następnie pracuj nad prawidłowym wybiciem do triku, które musi nastąpić, gdy piłka będzie na wysokości twoich bioder. Dostosuj jego wysokość do szybkości piłki i wyprowadź ją w kierunku bramki lub wzdłuż linii autowej.

Przyjęcie krzyżakiem Neymara

Chodzi o element, którym Neymar zaskoczył świat, a liczba wyświetleń w internecie filmu z tym sposobem przyjęcia przekroczyła już kilka milionów. Uginasz kolano nogi podporowej, pochylając się do lekko do przodu. Kolano nogi przyjmującej zostaje wyprowadzone na zewnątrz, jest mocno ugięte i wędruje w powietrzu za twoją drugą nogą. Stopę odchylasz wewnętrzną częścią do piłki i w momencie jej dotknięcia cofasz, tymczasem kolano nogi podporowej zostaje ugięte jeszcze mocniej do ziemi.

Ćwiczenie

Złap piłkę i rzucaj kolejno, próbując zamortyzować ją z różnych wysokości, następnie powtórz ćwiczenia, gdy piłka odbija się po koźle od ziemi i gdy będzie zagrywał do ciebie kolega (w poziomie). Staraj się amortyzować jak najmocniej uderzenie, tak by piłka nie odskoczyła dalej niż pięćdziesiąt centymetrów od nogi przyjmującej.

Luis Suárez – podania

Luis Alberto Suárez Díaz nigdy nie był grzecznym chłopcem. Miał trudne dzieciństwo. Wychował się w stolicy Urugwaju Montevideo, w dzielnicy biedoty. Piłka nożna była dla niego jedynym rodzajem odskoczni od problemów rodzinnych, a gdy miał dziewięć lat, jego ojciec opuścił rodzinę. Nic jednak nie przeszkodziło Luisowi w osiąganiu kolejnych piłkarskich celów. Nawet to, że jako jedenastolatek nie pojechał na zgrupowania kadry juniorów, bo nie było go stać na buty piłkarskie. Chciałbym, żeby każdy z was miał w sobie taką determinację i wolę zwycięstwa jak Luis... Tylko uważajcie, żeby was nie poniosło i aby ta chęć zwycięstwa nie sprawiła, że ugryziecie przeciwnika. Tego w tym rozdziale nie będę was uczył.

Mimo niepokornego charakteru Suárez w połączeniu z Messim i Neymarem stworzyli w Barsie trójkę nie do zatrzymania: Messi szaleje, prowadząc piłkę, Neymar przyjmuje i drybluje, a Suarez sprawia, że tych dwóch zawodników otrzymuje piłkę tak blisko bramki rywala, jak to tylko możliwe. Po podaniu w wykonaniu Suáreza czasem wystarczy tylko dołożyć nogę i patrzeć, jak piłka przekracza linię bramkową.

Abyś i ty kiedyś razem z dwojgiem twoich kolegów stworzył taki kolektyw jak MSN (Messi, Suárez i Neymar), musisz poznać i opanować wszystkie techniki podań piłki. Ty zagrywasz, kumple rozklepują bramkarza i... wygrywacie.

Jak pewnie wiesz, nie ma uniwersalnego sposobu na skuteczne podania. Możemy je podzielić na krótkie i dalekie... Ale w przypadku takiego podziału mamy mały problem, nie obejmuje on bowiem takich podań, jak: prostopadłe na wolne pole, zagrania na jeden kontakt czy odchodzące piłki na dobieg. Niepisana zasada, którą się kieruję, jest jedna: podanie ma być nieprzewidywalne i niemożliwe do przejęcia przez twojego przeciwnika, a łatwe do odczytania i proste w przyjęciu dla zawodnika z twojej drużyny. Doskonale o tym wie Luis Suárez, zagrywając piłki na czyste pole do Messiego czy Neymara.

Podanie krótkie wewnętrzną częścią stopy

Ta najczęściej spotykana forma zagrania, stosowana w sytuacji gdy twój kolega ma wokół siebie wolną przestrzeń i jak najszybciej przekazujecie sobie piłkę. Zalicza się do najdokładniejszych, gdyż piłkę podajecie stosunkowo dużą powierzchnią stopy. Piłkę należy uderzać w centralnym jej punkcie. Nogę postawną mocno postaw na ziemi, aby palce skierowane były w kierunku, w którym zamierzasz podać. Pochyl ciało do przodu i uderz piłkę do nadbiegającego partnera, nie pozwalając jej unieść się z ziemi.

Ćwiczenie Krzycha

Stańcie z kolegą naprzeciwko siebie w odległości trzech metrów. Waszym zadaniem jest podawanie sobie piłki i natychmiast po uderzeniu oddalenie się o dwa kroki do tyłu. Podajesz piłkę koledze, cofasz się dwa kroki, kolega przyjmuje, podaje do ciebie i cofa się dwa kroki. Przyjmujesz, podajesz i cofasz się dwa kroki. Podania wykonujcie na zmianę: raz lewą, raz prawą stopą.

Ćwiczenie Krzycha

Stań daleko od kolegi, około dwudziestu metrów, podaj do niego piłkę. Jego zadaniem jest przyjęcie jej w ruchu, powinien wybiec do przodu około dwóch metrów, licząc od swojej początkowej pozycji. Kolega zagrywa ci piłkę, ty dobiegasz do niej, przyjmujesz i znowu do niego podajesz. Ćwiczenie zakończcie, gdy znajdziecie się w odległości trzech metrów od siebie. Starajcie się je wykonywać przy odpowiedniej szybkości.

Ćwiczenie Krzycha

Na środku boiska rozłóż dwa znaczniki w odległości 2 metrów od siebie. Stań z kolegą prostopadle do znaczników, naprzeciwko siebie. Podawajcie sobie kolejno według schematu: przyjęcie piłki z wyprowadzeniem w bok, a następnie podanie obok pachołka (dwa kontakty przedstawione na rysunku).

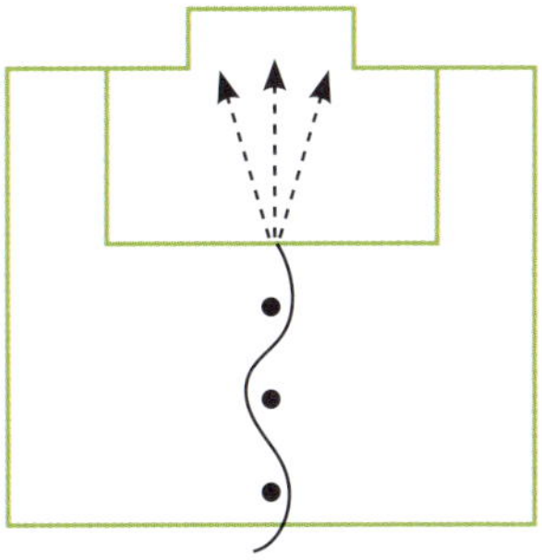

Długie podania i dośrodkowania

Te rodzaje podań sprawdzają się idealnie, gdy szybkim przerzutem chcesz zmienić miejsce rozgrywania akcji na jakieś inne, mniej oblegane przez drużynę przeciwnika. Zauważ, że gracze tacy jak Luis Suárez znakomicie „czytają" grę w takich momentach. Luis, gdy zauważa, że kolega jest w lepszej pozycji strzeleckiej, natychmiast przekazuje mu piłkę – bardzo często właśnie długim zagraniem. W przypadku takich zagrań i dośrodkowań najpopularniejszym i najbardziej dokładnym sposobem jest wykonanie ich wewnętrznym podbiciem; piłka powinna być uderzona minimalnie poniżej środka ciężkości. Palce stopy są obciągnięte i szybkim ruchem, jak przy standardowym uderzeniu tą częścią stopy, o którym wspominałem w poprzednim rozdziale, kierujesz piłkę do swojego kompana. Oczywiście, jeśli czujesz się na siłach, możesz równie dobrze posłać piłkę odchodzącą zewnętrznym podbiciem albo klasycznym prostym podbiciem. Wybór dopasuj do pozycji na boisku, w której się znajdujesz.

Ćwiczenie Krzycha

Sprawdź dokładność swoich zagrań. Stań na środku swojego orlika i ustaw obok siebie kilka piłek. Następnie wykonaj po pięć podań w powietrzu, tak aby piłka odbiła się jak najbliżej wymienionych celów: narożników szesnastki, linii rzutu karnego, linii bramki.

Ćwiczenie rozpoczynaj od prowadzenia piłki od środka boiska, a uderzaj po przebiegnięciu pięciu metrów w kierunku celu.

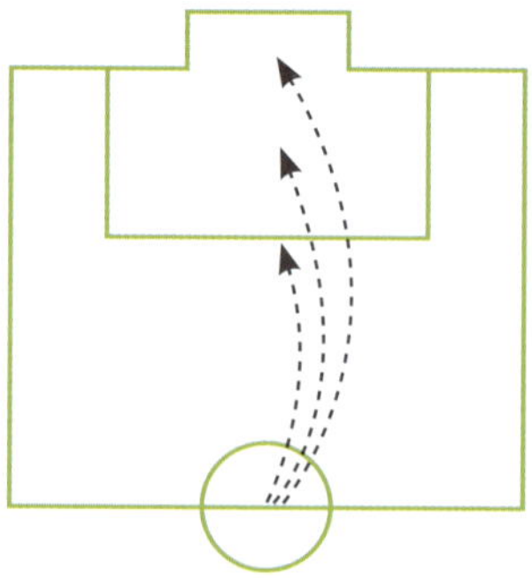

Ćwiczenie Krzycha

Na boisku stwórz ze znaczników kwadrat o boku długości jednego kroku. Oddal się na odległość dziesięciu kroków od kwadratu i postaraj się zagrywać piłkę w powietrzu tak, aby upadła właśnie w wyznaczony cel.

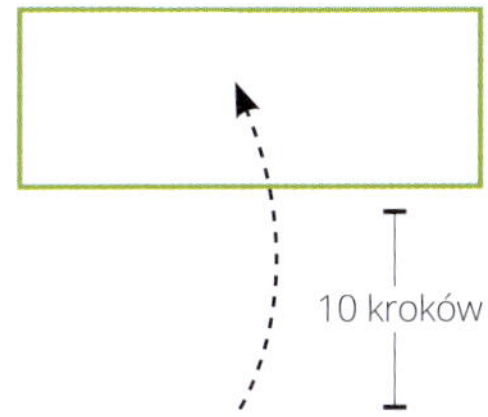

Podania z klepki

Niezwykle skuteczna broń, jeśli osiągnąłeś najwyższy stopień wtajemniczenia w posługiwaniu się nią i jeśli każdy z zawodników twojej drużyny doskonale wie, jak uderzać piłkę – na miejscu waszych przeciwników bałbym się bardzo. To podanie jest najbardziej efektywne, gdy wykonuje się je bardzo szybko po ziemi. Stosujesz technikę jak przy podaniach na krótkiej odległości. Cały czas patrzysz na piłkę, uderzasz po ziemi mocno z usztywnieniem stopy, wewnętrzną jej częścią.

Ćwiczenie Krzycha

Na początek stań w odległości kolejno jednego metra, a następnie trzech i pięciu metrów od ściany i uderzaj piłkę po ziemi tylko prawą nogą. Powtórz ćwiczenie drugą nogą. Pamiętaj, aby stać nisko na nogach, ręce powinny być rozłożone. Na koniec powtórz wszystkie serie ćwiczeń na zmianę lewą i prawą nogą. Dostosuj siłę uderzenia piłki do odległości i z czasem przyśpieszaj tempo zagrywek.

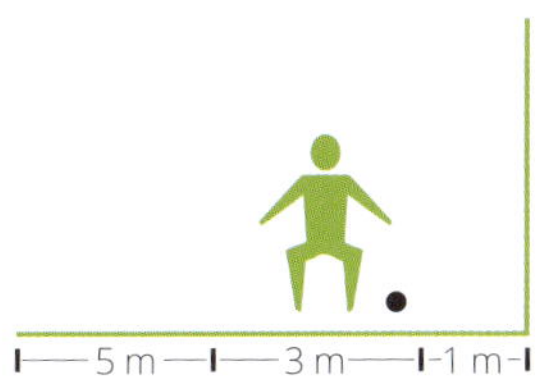

Ćwiczenie Krzycha

Wzdłuż środkowej linii boiska rozstaw znaczniki co jeden metr. Po lewej stronie biegniesz ty, po prawej kolega. Podajecie sobie piłkę z klepki pomiędzy pachołkami (jedno podanie co metr), przemieszczając się do ostatniego znacznika. Z powrotem biegniecie, wykonując to samo ćwiczenie drugą nogą.

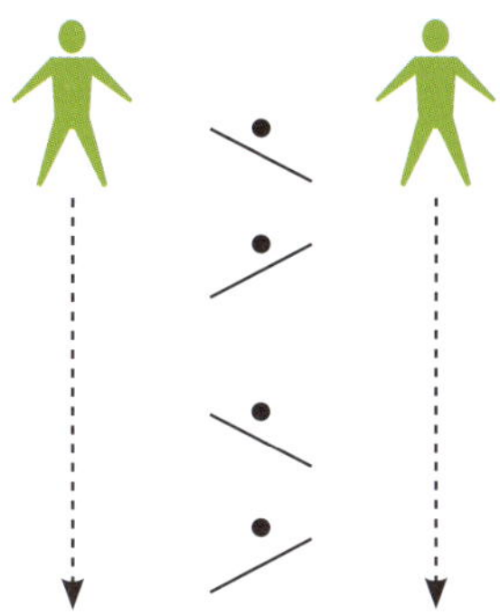

Prostopadłe zagranie na wolne pole

Jest to ulubione zagranie każdego fana FIF-y. Jeśli tylko wykonasz je w odpowiednim momencie, gdy drugi zawodnik w pełnym biegu wpada między obrońców, akcja musi skończyć się zdobytym golem albo... spalonym, jeśli zrobisz to za późno. W większości przypadków jedynym zadaniem kolegi, do którego podajesz, jest tylko dobiegnięcie do piłki i oddanie strzału na bramkę. Najczęściej powinno to być mocne zagranie po ziemi, czasami lobem nad obrońcami. Musisz to zrobić idealnie w punkt.

Ćwiczenie Krzycha

Ćwiczenie wykonujecie na linii szesnastki. Kolega, z którym grasz, ustawia się tyłem do bramki. Po jego lewej stronie umieszczacie dwa paliki w odległości jednego metra. Ty ustawiasz się pięć metrów przed szesnastką przodem do bramki. Kolega podaje ci piłkę, ty z pierwszego kontaktu lub po przyjęciu zagrywasz ją między dwa znaczniki. Zadaniem kolegi jest dobiegnięcie do niej i oddanie strzału na bramkę. Musicie pamiętać, aby kolega ruszył dopiero po twoim podaniu, aby uniknąć pozycji spalonej.

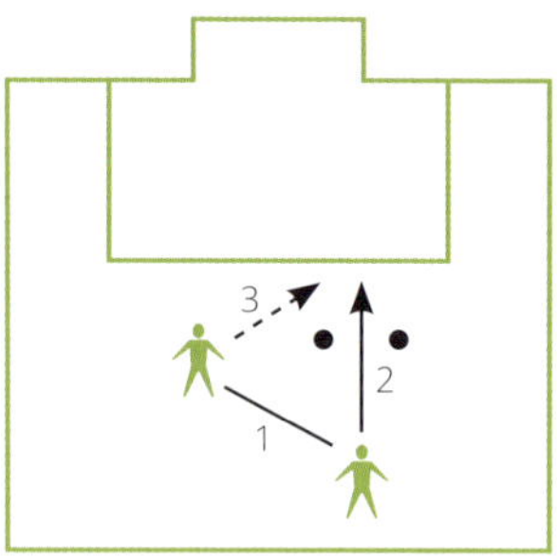

Podawać możesz właściwie każdą częścią ciała, począwszy od główki, na pośladkach kończąc. Wykorzystaj techniki uderzeń piłki, które poznałeś w poprzednim podrozdziale, i zawsze staraj się dobrać metodę do pozycji i sytuacji, w jakiej się znajdujesz na boisku. Pamiętaj jednak, że nigdy nie powinieneś pozwolić, by przeciwnik przewidział twoje zamiary!

Philipp Lahm – sposoby na odbiór piłki

Ten obrońca reprezentacji Niemiec i Bayernu Monachium to prawdziwy postrach napastników drużyny przeciwnej. Jest uważany za jednego z najlepszych obrońców świata. Ma znakomitą kondycję, podczas mistrzostw świata w 2014 roku we wszystkich meczach łącznie przebiegł ponad 80 kilometrów. Doskonale „czyta" grę, jest niewiarygodnie szybki i nigdy się nie poddaje. Pamiętacie może jego wspaniałe szarże przez pół boiska, kiedy potrafił dogonić napastnika i odebrać mu piłkę tuż przed strzałem? Philip Lahm prawie całą swoją dotychczasową karierę spędził w drużynie Bayernu Monachium, której jest kapitanem, i nieraz – prócz wspaniałej gry w defensywie – wspomógł drużynę w ataku, zdobywając bramkę na wagę zwycięstwa.

Philipp Lahm nie tylko doskonale prowadzi linię obrony swojego zespołu. Ten zawodnik wyróżnia się przede wszystkim indywidualnymi umiejętnościami, które powinien mieć każdy obrońca. Do perfekcji opanował wszystkie sposoby odbierania piłki przeciwnikowi i doskonale wie, jak ułożyć ciało, aby maksymalnie uprzykrzyć grę rywalowi. To obrońca doskonały, który rozbroi każdego napastnika.

Postawa obrońcy

Zasadnicza kwestia: nie masz piłki (na przykład ma ją napastnik drużyny przeciwnej), więc nie musisz skupiać się na jej kontroli. Wykorzystaj to i uczyń swoim atutem. Przyjmij pozycję na ugiętych nogach, a ciężar ciała przesuń do przodu na palce – to pozwoli ci natychmiast wystartować do piłki i bezzwłocznie podjąć kolejne działania. Staraj się dokładnie „czytać" grę swojego przeciwnika. Jeśli decyduje się na drybling i zagranie sam na sam, ustaw się do niego bokiem, by zmusić go do prowadzenia piłki po twojej lepszej stronie – dzięki temu będziesz mógł natychmiast pobiec za nią. Pamiętaj o wywieraniu presji na przeciwniku i opóźnianiu tempa akcji... Czasem może się to okazać najlepszym rozwiązaniem, aby na właściwe pozycje wrócili pozostali obrońcy. Jeśli ktoś zagrywa do rywala, którego kryjesz, staraj się go wyprzedzić i skracać lot piłki, wykorzystując jak najszybszy start z przyjętej pozycji. Nie chowaj rąk, wykorzystaj je, aby jeszcze lepiej balansować ciałem.

METODY ODBIORU PIŁKI

Blokowanie piłki

Do tego rodzaju odbioru posłuży ci najpewniej wewnętrzna część stopy lub jej wewnętrzne podbicie. Skoncentruj swoją uwagę na piłce, stań na lekko ugiętych nogach i obserwuj bacznie ruchy ciała i ułożenie stóp rywala. Czekaj na odpowiedni moment, gdy zauważysz, że przeciwnik się zawahał, natychmiast wysuń nogę i odbierz mu piłkę. Pochyl się jednocześnie do przodu, aby ciężar ciała znalazł się nad blokującym kolanem. Uważaj na zderzenie czołowe, wykonuj ruchy stanowczo, jednak nie graj na raz. Przejmij piłkę i wyprowadź podaniem do kolegów z drużyny.

Ćwiczenie

Ustaw znaczniki tak, by utworzyć tor w linii prostej o szerokości czterech dużych kroków i długości dwudziestu kroków. Ustawcie się z kolegą na przeciwległych końcach toru. Kolega z piłką wciela się w rolę napastnika, ty natomiast w rolę obrońcy. Zadaniem napastnika jest minięcie obrońcy i dojście do końca ścieżki, twoim zaś jak najszybsze zabranie mu piłki. Zamieniajcie się rolami i zapisujcie, kto na dziesięć takich rund więcej razy odebrał piłkę przeciwnikowi (lub jeśli wygrywa napastnik, ile razy udało mu się dobiec do końca ścieżki).

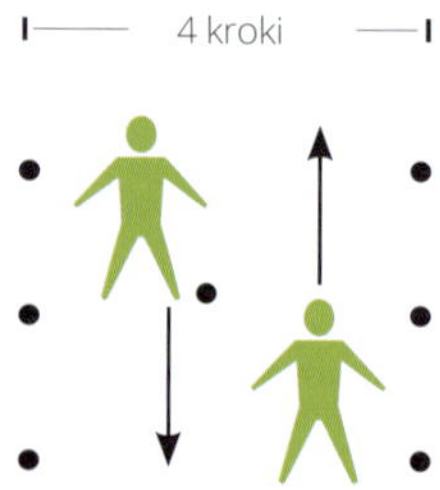

Odbieranie piłki z doskoku

Ten sposób odbioru piłki sprawdza się doskonale w sytuacjach, gdy zawodnik drużyny przeciwnej w pełnym biegu wypuści piłkę za daleko od swojej nogi. To znakomita metoda przejęcia piłki także w przypadku, kiedy zawodnik drużyny przeciwnej czeka na podanie w pozycji stojącej, a ty możesz podbiec i z doskoku przejąć piłkę.

Ćwiczenie

Wykorzystaj tor z poprzedniego ćwiczenia. Powtórz schemat ćwiczenia, wykonuj je dwa razy szybciej niż poprzednio. Jeśli tylko zauważysz, że kolega wypuszcza piłkę zbyt daleko, natychmiast staraj się ją przejąć.

Wykopywanie, „wygłówkowanie" piłki

Brzmi banalnie. Pamiętaj, że obrońcy nie zawsze muszą przejąć futbolówkę. W momencie kiedy widoczne jest duże zagrożenie ze strony rywala, czasem najskuteczniejszym sposobem postępowania jest po prostu wybicie piłki z pola karnego. Oczywiście dobrze, żeby zawsze zawędrowała ona pod nogi kolegów czekających na możliwość kontrataku, ale niekiedy nie jest to możliwe. W niektórych sytuacjach zwykłe wybicie piłki może jednak okazać się najlepszym ratunkiem przed utratą bramki. Technika uderzeń jest dowolna, najczęściej wewnętrznym podbiciem. A jeśli trzeba zagrać głową, nie wahaj się ani sekundy. Powtórzę pierwszą najważniejszą zasadę: działaj... z głową, myśl! Zawsze stosuj ten sposób, który masz najlepiej opanowany. W polu bramkowym nie ma miejsca na błędy!

Ćwiczenie

Przyjmij pozycję obrońcy za znacznikiem ustawionym w polu bramkowym. Kolega zagrywa piłkę w stronę znacznika, a twoim zadaniem jest jak najszybsze wyprzedzenie go i wybicie piłki poza pole bramkowe w odpowiednie miejsca na twojej połowie. Staraj się uderzyć piłkę kolejno: w kierunku narożnika szesnastki oraz narożnika linii środkowej boiska.

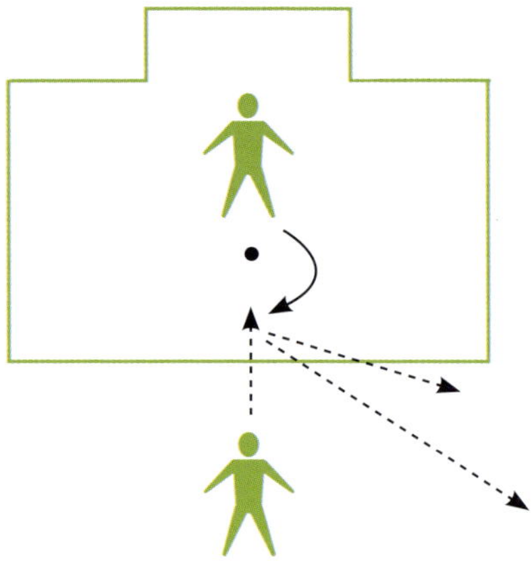

Ćwiczenie

Powtórz poprzednie ćwiczenie, lecz tym razem kolega niech dorzuca piłkę rękami na wysokość znacznika. Twoim zadaniem jest wykonanie wyskoku i wybicie piłki poza pole bramkowe. Staraj się nie wybijać piłki prosto przed pole bramkowe, znacznie bezpieczniej będzie, jeśli skierujesz ją w poprzek boiska i ograniczysz tym samym ryzyko uzyskania przez rywala dogodnej pozycji do strzału.

Wślizg

Wślizg jest efektownym elementem gry defensywnej, ale pamiętaj, że rolą obrońcy nie jest gra widowiskowa, lecz skuteczna. Odbiór piłki wślizgiem jest elementem trudnym. Korzystaj z niego w ostateczności. Po pierwsze, minimalny błąd techniczny i zbyt późne wykonanie wślizgu mogą sprawić, że dostaniesz czerwoną kartkę. Po drugie, jest to klasyczne zagranie jednorazowe. Jeśli nie trafisz w piłkę, nie ma szans, żebyś zdążył wstać i dogonić rywala, który właśnie biegnie, by strzelić twojej drużynie gola. Wślizg możesz wykonać z każdej strony. Jeśli z boku, wykorzystujesz nogę, która jest dalej od przeciwnika; piłka powinna zostać wybita podeszwą stopy. Jeśli od tyłu, wykorzystujesz nogę bliżej rywala. Aby poprawnie wykonać wślizg, obniżasz środek ciężkości, uginając „tylną" nogę w kolanie, a w momencie zetknięcia z podłożem podpieramy się delikatnie jedną ręką.

Ćwiczenie

Popracuj bardzo wolno („na sucho”, bez piłki) na miękkim podłożu (na przykład na materacu) nad sposobem zejścia z pozycji stojącej do wślizgu. Zwróć uwagę na wszystkie aspekty techniczne, które wcześniej opisałem. Następnie ćwicz na trawie z piłką, stopniowo zwiększając tempo wykonania wślizgu.

Jeśli chcesz stać się najlepszym obrońcą drużyny, pamiętaj o kilku zasadach:

- **jak najszybciej interweniuj i odcinaj napastnika od podań**
- **zasłaniaj ciałem grę, by przeciwnik musiał się skupić tylko na piłce, a jednocześnie nie zauważał nadbiegających kolegów**
- **współpracuj z pozostałymi obrońcami, zwracaj uwagę na podział ról na boisku**
- **staraj się wypychać przeciwnika jak najbliżej linii bocznej**
- **im bliżej pola bramkowego jesteś, tym mocniej atakuj, nie pozwalaj przeciwnikowi na przedarcie się do szesnastki**
- **jeśli jesteś sam na sam z przeciwnikiem, stój nisko na nogach bokiem do niego; jeżeli cię ominie, w takiej pozycji masz większe szanse na pogoń za nim... pamiętaj bowiem, że zawodnik z piłką zawsze jest minimalnie wolniejszy od tego bez piłki, chyba że akurat biegłby Usain Bolt...**

Stałe fragmenty gry

Mecz to nie tylko ciągły bieg i omijanie kolejnych przeciwników. Piłka nożna jest grą kontaktową, ostra rywalizacja w grze sprawia, że bardzo często słyszymy gwizdek sędziego. Niezależnie od tego, czy jest to faul, aut czy rzut rożny, musisz być doskonale przygotowany do wykonywania stałego fragmentu gry. Każdy trener, piłkarz (i nawet ja, Krzych) doskonale zdaje sobie z tego sprawę. Gdy miałem kilka lat, na treningu nie zwracałem uwagi na stałe elementy gry. Kiedyś jednak trener wyznaczył właśnie mnie do wykonania rzutu karnego w meczu, w którym przegrywaliśmy jedną bramką. Pomyślałem wtedy: „Ja, taki technik, nie trafię?". Przymierzyłem więc w prawe górne okienko i ruszyłem do piłki. Wszystko byłoby dobrze, gdyby nie to, że za mocno odchyliłem się do tyłu. Piłka znajdowała się na linii okienka, tylko z pięć metrów za wysoko (oddałem więc coś jak jeden ze strzałów Ramosa, które pewnie pamiętacie... albo o nich słyszeliście). To był dzień, w którym uświadomiłem sobie, jak bardzo ważna jest praca nad z pozoru łatwymi stałymi fragmentami gry. Dziś znakomici piłkarze, jak Ronaldo czy Ibrahimović (a dawniej Roberto Carlos), uczynili tego rodzaju zagrania swoimi znakami firmowymi, a ich drużyna doskonale wie, że może na nich polegać w takich sytuacjach. W tym rozdziale skupimy się na treningach technik, które sprawią, że i ty będziesz zawodnikiem liczącym się przy wykonywaniu stałych fragmentów gry.

Najczęściej spotykane stałe fragmenty gry to: wrzut piłki z autu, rzuty rożne, rzuty wolne i karne. Jest jeszcze na przykład wybicie z piątki przez bramkarza lub obrońcę – ale pozwolicie, że nie będę się skupiał na tych opcjach. Wierzę w twój rozsądek – pamiętaj, po prostu nie zagrywaj do kolegi, jeśli obok niego znajduje się przeciwnik, ze względów bezpieczeństwa. Zacznijmy od szkolenia wyrzutów z autu, które wykonywaliście nieraz na tak zwanego pewniaka i po których nagle sędzia gwizdnął: stopy oderwane od ziemi i piłka wędruje do rywala.

Rzuty z autu

Z taktycznego punktu widzenia już samym rzutem z autu można przyszarżować. Trzeba mieć na uwadze na przykład to, że po rzucie z autu nie będzie spalonego. Jeśli więc masz tyle siły ile swego czasu Tomasz Hajto (tak, wiem, warto przypomnieć zwycięski skład Kaiserslautern z roku...) i potrafisz rzutem doprowadzić do sytuacji sam na sam, to można ci tylko pogratulować i cieszyć się razem z tobą. Jeśli jest inaczej, nie obawiaj się, popracujemy i nad siłą twojej górnej partii ciała (w kolejnym rozdziale). O co więc chodzi z tym wyrzutem z autu? Zasady są proste. Jak najbardziej możesz wykonać rozbieg, jednak piłkę musisz wyrzucić oburącz znad głowy. Przenieś ją mocno za siebie aż do szyi. Pamiętaj, w momencie wypuszczenia piłki z rąk obydwie twoje stopy muszą pozostawać na ziemi. Nie wolno ci pod żadnym pozorem oderwać żadnej z nich... Bo rozlegnie się dźwięk gwizdka sprawiedliwego sędziego.

WYRÓŻNIAMY DWA RODZAJE RZUTÓW – DŁUGI I KRÓTKI

rzut krótki ma zastosowanie, gdy twój kolega nie jest kryty przez przeciwnika lub znajduje się blisko ciebie przy jednoczesnym kryciu rywala. Rzut na krótkie odległości wykonywany jest obunóż z pozycji statycznej; upewnij się, że pewnie trzymasz piłkę w dłoniach, następnie odchyl się, aby głowa i ramiona były nieco niżej, i wyprostuj plecy podczas wyrzutu.

Ćwiczenie

Będziesz wykonywał rzut bliski do celu. Ustaw na boisku znacznik (jak na rysunku), a następnie staraj się kolejno rzucać piłkę w jego kierunku, zachowując prawidłową postawę całego ciała.

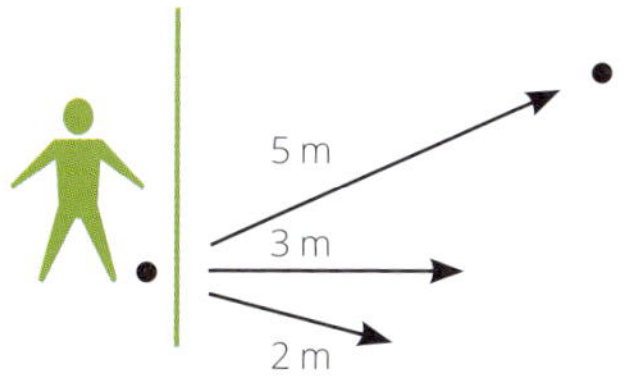

Rzut długi to ten, z którego jakiś czas temu między innymi słynął Tomek Hajto. To dzięki dobrze wykonanemu rzutowi z autu piłka kilkakrotnie została wrzucona w pole bramkowe od razu na główkę napastników z jego drużyny. Dokładnie w ten sam sposób możesz sprawić, że twój kolega będzie miał otwartą drogę do zdobycia bramki. Musisz to jednak zrobić szybko, gdy tylko dostrzeżesz, że istnieje taka szansa. W przypadku rzutu długiego musisz zrobić kilka kroków i w ostatniej fazie przenieść ciężar ciała na nogę wykroczną. Odchyl się maksymalnie do tyłu i ruchem całego ciała nadaj piłce energię.

Ćwiczenie

Stań przy linii, postaw kolejno sześć znaczników w odległościach co trzy metry każdy. Zachowując odpowiednia technikę, staraj się dorzucić piłkę do ostatniego znacznika. Zapisz swój rezultat i pracuj nad koordynacją, pobijając swoje rekordy rzutowe. Staraj się trafić w znacznik. Pamiętaj, że siła zawsze musi iść w parze z celnością.

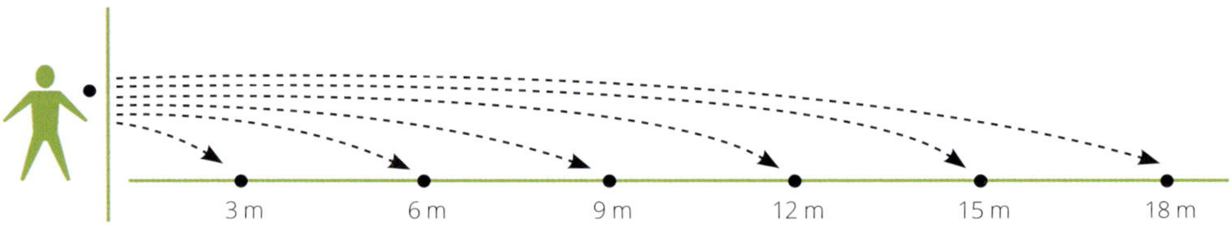

Rzuty rożne

Człowieku, korner to dla zespołu przeciwnika jedna z najgroźniejszych sytuacji. Zamieszanie w polu bramkowym jest wtedy tak duże, że zawsze może się wydarzyć coś nieprzewidywalnego... Zauważ, że w takich okolicznościach, zwłaszcza gdy nie ma już nic do stracenia, w pole karne przeciwnika wbiegają nawet bramkarze i nierzadko to oni zdobywają bramki na wagę remisu lub zwycięstwa w ostatnich sekundach gry. Jeśli chodzi o typy uderzeń, wyróżniamy generalnie dwa mocne wbicia w pole karne: wchodzące do bramki i odchodzące od bramki.

Uderzenie wchodzące do bramki

To najpowszechniej stosowane zagranie wykonywane przez zawodników prawonożnych w lewym narożniku boiska i adekwatnie lewonożnych przy drugim rogu jest bardzo niebezpieczne. Gdy dokładnie wykonasz uderzenie, twój kolega – jak CR7 – szczupakiem wpakuje piłkę prosto w siatkę. A jeśli ty sam odpowiednio podkręcisz piłkę, to – kto wie? – może trajektoria lotu tak się zmieni (potocznie: zawinie rogala), że wpadnie bezpośrednio do bramki.

Podczas wykonywania rzutu rożnego możesz ustawić piłkę w dowolnym miejscu ćwiartki koła w narożniku. Pamiętaj jednak, by podczas uderzenia nie zahaczyć nogą o słupek z chorągiewką. Nogę, którą będziesz uderzał, postaw mocno obok piłki, palce skieruj tam, gdzie zamierzasz uderzyć. Wyprowadź uderzenie wewnętrznym podbiciem minimalnie poniżej środka ciężkości piłki. Jeśli chcesz dobrze podkręcić piłkę, staraj się, żeby kontakt całej wewnętrznej powierzchni podbicia buta z piłką był jak najdłuższy – ten sekret zdradził mi na wspólnym treningu sam Robert Lewandowski! W momencie uderzenia obciągnij i usztywnij stopę.

Uderzenie odchodzące od bramki

Każdy światowej klasy piłkarz doskonale zdaje sobie sprawę, że odchodzące wrzuty też są niezwykle groźne dla bramkarza drużyny przeciwnej. Jeśli piłka jest dobrze podkręcona, może to sprawić, że bramkarz, który do niej wychodzi, nie zdąży jej dosięgnąć. Wtedy zadaniem kolegów będzie już tylko skierowanie piłki do pustej bramki. Technika uderzenia nie różni się od technik przy rzucie rożnym wchodzącym. Tyle że wykonywane jest ono po prostu drugą nogą. Jeżeli jesteś prawonożny, uderzasz z prawej strony boiska, jeżeli lewonożny – z lewej. Oczywiście możesz spróbować wykonać taką wrzutkę zewnętrzną częścią stopy, jednak dużo trudniej będzie ci wtedy dokładnie wycelować i posłać piłkę w kierunku głowy kolegi.

Ćwiczenie

Na linii szesnastego metra ustaw pięć znaczników: pierwszy przy linii piątki bliższego słupka, drugi z miejsca wykonywania rzutu karnego, trzeci przy piątce dalszego słupka, czwarty na wysokości szesnastki oraz piąty w bramce przy dalszym słupku. Wyobraź sobie, że tymi znacznikami są twoi koledzy z drużyny, i staraj się dokładnie zagrywać im piłkę.

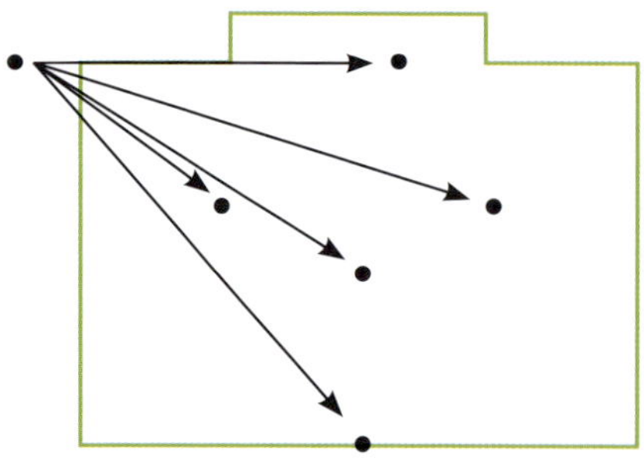

Wykonaj po trzy dośrodkowania do każdego ze znaczników. Zanotuj uczciwie wyniki.

Takie formy rzutów rożnych spotykane są najczęściej. Teoretycznie można by wrzucić piłkę również lekko podciętą prostym podbiciem, ale trzeba zdawać sobie sprawę, że wtedy leciałaby znacznie wolniej i rywal (zwłaszcza bramkarz) spokojnie zdążyłby skutecznie ją przechwycić. Rzut rożny ma być mocny i celny, tak aby wbiegający zawodnik lub ten znajdujący się przy słupku bliższym czy dalszym mógł wystrzelić potężną petardę w kierunku bramki przeciwnika.

Rzuty wolne

Któż nie lubi patrzeć, jak piłka szybuje w powietrzu kilkanaście metrów i z impetem wlatuje obok bezradnego bramkarza w samo okienko? Rzut wolny może być groźny z każdej odległości. Najlepsi egzekutorzy zdobywali bramki nawet z odległości znacznie ponad trzydzieści metrów od bramki. Rzut wolny może oznaczać podanie krótkie, może być zagrany lobem ponad obrońcami lub strzałem wprost na bramkę. Taktyczne sposoby na rozegranie rzutów wolnych pozwolę sobie pozostawić trenerom. Tym, co nas interesuje najbardziej, jest szkolenie umiejętności, dzięki którym piłka ominie mur i wpadnie albo bezpośrednio do bramki, albo pod nogi graczy z naszej drużyny.

W sytuacjach bardzo niebezpiecznych przed bramką rywala na pewno będzie bowiem stał mur. Aby go ominąć, możemy wykorzystać trzy rodzaje strzałów: z rotacją do wewnątrz, z rotacją do zewnątrz i *knuckleball.*

Strzał z rotacją do wewnątrz

Jest to najczęściej stosowana i spektakularna forma uderzenia piłki na bramkę. Dla mnie absolutnymi geniuszami byli tu David Beckham oraz Ronaldinho. Co ciekawe, pierwszy z nich jako jeden z nielicznych ustawiał się pod kątem prostopadłym do bramki. Jak zatem uderzyć, żeby

piłka ominęła mur i po łuku wpadła do siatki? Aby nadać piłce odpowiednią rotację, stosujemy technikę uderzenia wewnętrzną częścią podbicia z mocnym utrzymaniem równowagi na nodze podporowej. Dopiero po oddaniu strzału i wyprowadzeniu wymachu może ona zostać oderwana od ziemi. Dzięki temu nie tylko podkręcimy piłkę, ale też osiągnie ona maksymalną szybkość. Tak jak przy strzale z rożnego, im dłuższy kontakt stopy z piłką, jakby szurnięcia, tym rotacja będzie bardziej efektowna.

Ćwiczenie strzału podkręconego z odległości pola karnego

Na bramce rozwieszasz od poprzeczki dwa sznurki, po pięćdziesiąt centymetrów od słupka z każdej strony. Następnie na każdym z nich zawieszasz dwa znaczniki: jeden na wysokości okienka, drugi trzydzieści centymetrów od ziemi. Zadaniem jest trafienie we wszystkie cztery znaczniki za pomocą najmniejszej możliwej liczby strzałów. Ćwiczenie wykonujesz z trzech pozycji, stojąc kolejno: przy narożniku, przy środku linii szesnastki oraz z drugiego narożnika. Następnie odsuwasz się od bramki o pięć metrów i powtarzasz uderzenia.

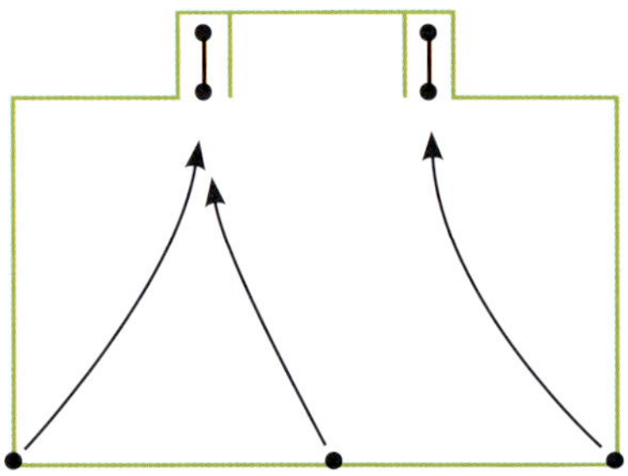

Ćwiczenie

Pozostawiasz znaczniki rozwieszone na sznurkach i ćwiczenie zaczynasz już pięć metrów od linii szesnastki. Tym razem jednak wykorzystujesz dostępne metody, aby w odległości dziewięciu metrów od miejsca strzału stworzyć mur – do

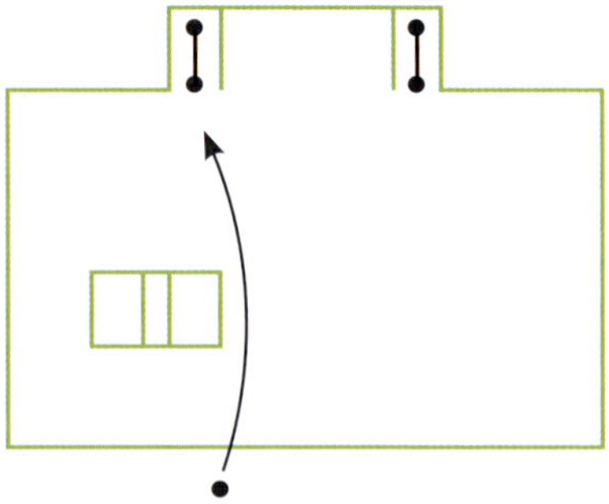

tego mogą posłużyć nawet kartonowe pudełka. Ważne, aby mur był twojego wzrostu i szerokości co najmniej trzech metrów. Powtarzasz zadanie, strzelając do wyznaczonego celu.

Strzał z rotacją do zewnątrz

2

Tutaj nawet przez chwilę się nie zastanawiałem nad tym, kto dla mnie jest numerem jeden. Roberto Carlos, który mimo niskiego wzrostu miał tak atomowe uderzenie zewnętrznym podbiciem, że nawet gdyby piłka trafiła w mur, to pewnie przedarłaby się w stronę bramki, nabiegał z bardzo dużej odległości, szybkimi krótkimi krokami w początkowej fazie, aby wydłużyć ostatni poprzedzający uderzenie krok. Jeśli uderzasz z prawej nogi, nabiegasz piłkę pod kątem z prawej strony, aby nadać jej jeszcze większą rotację podczas uderzenia. Zastanawiasz się, jak wtedy wycelować? Tylko wypracowanie powtarzalności i celności na treningach uderzenia przyniesie zamierzony efekt!

1

Ćwiczenie

Wykorzystaj kartonowe pudełka, z których zrobiłeś wcześniej mur. Ułóż je tak jak przedstawiono na rysunku.

Staraj się uderzyć piłkę w taki sposób, aby trafiła w powietrzu dopiero w ostatni element układanki.

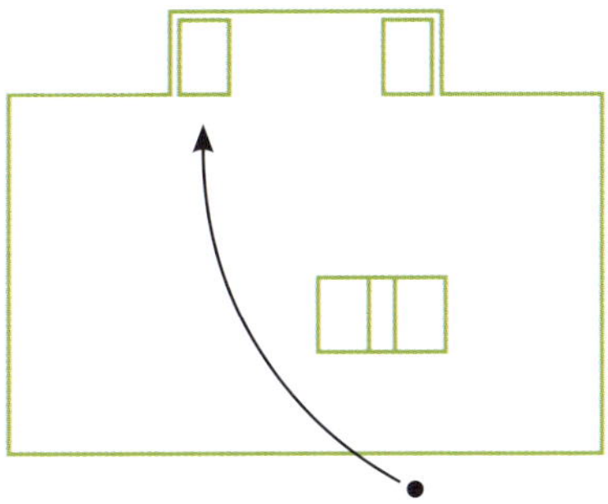

Strzał *knuckleball*

To niesamowita technika, której promotorem jest nie kto inny jak sam Cristiano Ronaldo. Ciekawe, że słowo „*knuckle*" tłumaczone przy użyciu słownika popularnej wyszukiwarki znaczy... „golonka". Tymczasem w Polsce wszyscy określają ten strzał mianem „spadającego liścia". Czemu, pytam, skoro moje nazwisko pasowałoby wręcz idealnie?! Wybaczcie, że wciąż kontynuuję ten nieco osobisty wątek. A już mówiąc zupełnie poważnie, piłka po tym strzale wprost wije się w powietrzu jak wąż (jak liść unoszący się na wietrze?), a na samym końcu wpada do bramki. Cristiano, muszę przyznać, postarałeś się. Teraz zaś ja opowiem, jak wykonać ten strzał.

Należy nabiec na piłkę pod kątem około czterdziestu stopni. Ronaldo ma swój sposób na wyliczenie go na szybko. Najpierw robi kilka kroków do tyłu (ty możesz zrobić od trzech do pięciu kroków), a następnie przesuwa się w lewo zwykle dwa lub trzy kroki. Wykonując szybki nabieg, na ostatnim jego etapie postawną nogę kładzie około 20 cm od piłki (minimalnie przed nią). Piłka zostaje uderzona wewnętrznym podbiciem kilka centymetrów poniżej wentyla, tak by otrzymała wsteczną rotację. Podczas uderzenia Ronaldo stara się nie odchylać do tyłu, zachowuje prostopadły kąt ułożenia ciała w stosunku do podłoża. Bardzo ważne jest też to, aby stopa podczas kontaktu z piłką była poprowadzona pod tym samym kątem – nie wolno jej przekręcić w żadną stronę!

Ćwiczenie

Zawiąż sznurek na wysokości słupka i poprowadź go do drugiego. Następnie zrób mur z kartonowych pudełek. Staraj się wykonać uderzenie typu *knuckleball*, tak aby piłka wpadła między poprzeczkę a sznurek. Gdy zacznie ci wychodzić, staraj się delikatnie podwyższać sznurek, tak by powierzchnia między nim a poprzeczką była coraz mniejsza.

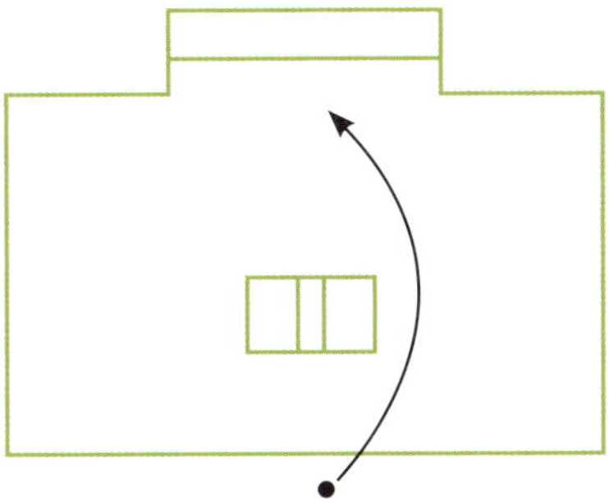

Strzał pod murem

Pamiętaj, że piłka jest grą dla przebiegłych. Czasem o wyniku meczu decyduje spryt i natychmiastowe kojarzenie faktów. Zwróć uwagę, jak podczas gry zachowują się obrońcy. Zauważyłeś, że ci w murze zawsze wyskakują do góry? Wykorzystaj to w kolejnym uderzeniu i strzelaj na bramkę pod nimi. Pamiętaj jednak, że nie mogą się zorientować i domyślić, jakie masz plany. Ułóż piłkę i przyjmij pozycję jak do uderzenia z rotacją wewnętrznym podbiciem. W ostatniej fazie skieruj piłkę prostym podbiciem po ziemi. Bramkarz tak ustawia mur, żeby skoncentrować się na drugiej połowie bramki, wykorzystaj to i spróbuj od czasu do czasu i takiej techniki uderzenia.

Ćwiczenie

Ustaw kartonowe pudełka tak, aby wyznaczały boki muru. Strzelaj po ziemi między nimi, by piłka wpadała do bramki jak najbliżej słupka. Zapisuj swoje wyniki i staraj się wypracować powtarzalność uderzenia.

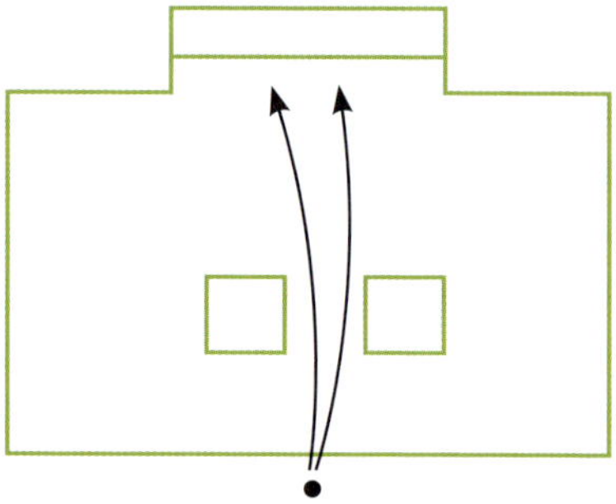

Rzuty karne

Niektórzy mówią, że karne to pewniaki. Ale wiesz przecież, że każdy z nas inaczej reaguje na stres. Inaczej będziesz strzelać karniaki na podwórku, grając z kolegami, a inaczej, gdy będziesz decydował o losie ważnego dla ciebie meczu w ostatniej jego minucie. Wtedy dopiero zadasz sobie pytanie, czemu tego nie ćwiczyłeś wcześniej – nie musiałbyś się wówczas przejmować.

Wykonanie rzutu karnego powinno charakteryzować się dwiema cechami: uderzenie musi być dokładne i powinno być silne, by bramkarz nie zdążył z interwencją. Prędkość wynosząca 1 km/h to około 0,3 m/s. Z szybkiego wyliczenia wynika, że gdy odległość do bramki wynosi jedenaście metrów, to jeśli nadasz piłce prędkość 33 km/h, bramkarz będzie miał sekundę, żeby obronić. Jak uderzysz dwa razy mocniej, bramkarzowi zostanie już tylko pół sekundy na reakcję. Oto jak matematyka przydaje się w piłce nożnej, a *de facto* przydaje się właściwie wszędzie. Każdy piłkarz ma swoje sposoby na obronę karnych. Przykładowo, Muller patrzy na ruchy bramkarza w trakcie jego biegu i dopiero wtedy wybiera kierunek uderzenia. Ta metoda jest skuteczna, ale wymaga lat praktyki i doskonałego, wręcz błyskawicznego refleksu. Pozwólcie, że tutaj skupię na kilku innych, najbardziej skutecznych metodach zdobywania gola z rzutu karnego.

Strzał prostym podbiciem

Przy uderzeniach prostym podbiciem staram się unikać środka bramki i miejsc oddalonych od bramkarza na długość ramion i rąk. Najlepsze są oczywiście miejsca przy słupku, zarówno przy ziemi, jak i pod poprzeczką. Jeśli wysłana przez ciebie torpeda trafi przy słupku, bramkarz nie zdąży obronić, chyba że zinterpretuje twoje ruchy dwie sekundy przed twoim uderzeniem i będzie tam już czekał na piłkę.

Strzał wewnętrznym podbiciem

Jest to uderzenie i silne, i zapewniające największą precyzję. Bywa stosowane przez takich piłkarzy jak Zlatan Ibrahimović. Pamiętaj o technice uderzenia: mocno postaw stopę na ziemi i nie odchylaj się zbyt mocno do tyłu.

Ćwiczenie

Rozwieś dwa sznurki w odległości półtora metra od każdego ze słupków. Staraj się wykonać dziesięć strzałów z rzędu, tak by przynajmniej pięć z nich zakończyło się wykonaniem mocnego strzału w powietrzu między sznurkiem a słupkiem.

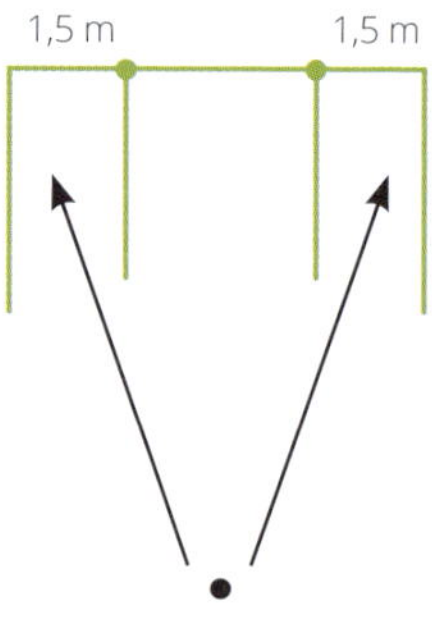

Strzał wewnętrzną częścią stopy

Jest to uderzenie, które sprawdza się przy karnych, jednak najczęściej bywa stosowane, gdy zachodzi konieczność wykonania precyzyjnego uderzenia przy ziemi. Nabiegnij wprost na piłkę, a następnie mocnym strzałem poprowadź ją przy słupku.

Ćwiczenie

Rozwieś dwa sznurki w odległości mniejszej niż jeden metr przy słupku. Kieruj uderzenie dokładnie w wyznaczone punkty. Na początku lekko, potem stopniowo zwiększaj siłę uderzenia.

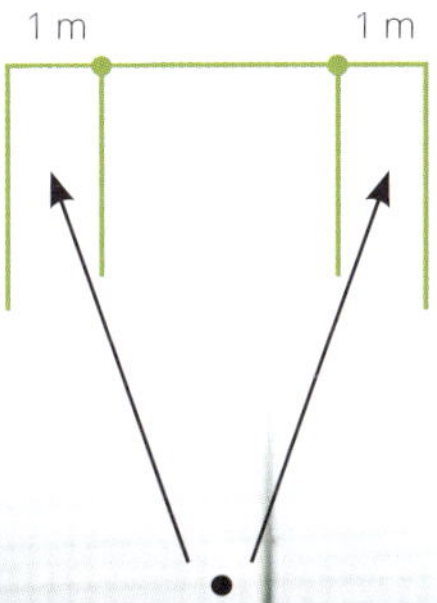

Strzał zewnętrznym podbiciem

Metoda jak przy strzale z wolnego – styl Roberto Carlosa. Uderz piłkę najmocniej, jak potrafisz, unosząc ją przynajmniej na wysokość połowy bramki.

Ćwiczenie

Rozwieś dwa sznurki w odległości dwóch metrów od słupka i mierz w wyznaczone cele, stopniowo zawężając przestrzeń. Nie odchylaj się za mocno, aby nie wybić piłki ponad bramkę.

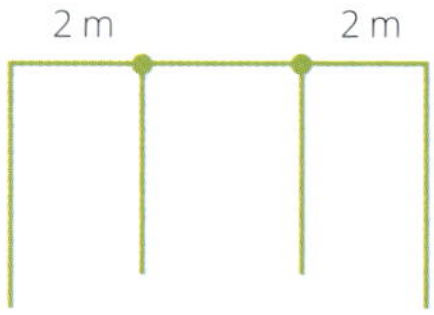

Strzał z podcinki (panenka)

Jest to techniczne uderzenie zwykle w środek bramki dla graczy posługujących się nienaganną techniką i świetnie balansujących ciałem. Biegniesz w kierunku piłki, jak do strzału z wewnętrznym podbiciem, jednak twoim zadaniem jest zwolnienie nogi w ostatnim momencie przed strzałem. Markujesz jedynie silne kopnięcie i uderzasz piłkę prostym podbiciem poniżej jej środka ciężkości. Piłka delikatnie wędruje nad leżącym już, bezbronnym i bezradnym bramkarzem... jeśli tylko swoją postawą i miną udało ci się go zmylić.

Ćwiczenie

Zawiąż sznurek w poprzek bramki na połowie jej wysokości (bezpiecznej, aby bramkarz nie sięgał jej w pozycji leżącej). Ćwicz (samą panenkę) do skutku dopóty, dopóki pięć strzałów na pięć prób nie zakończy się zdobyciem bramki.

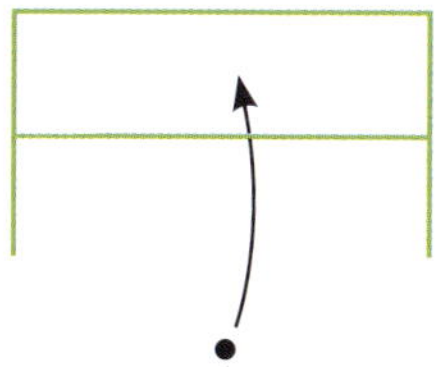

Fake shot ze szpica

Takim zagraniem popisał się między innymi Mario Balotelli. Technika nabiegu na piłkę przypomina tu uderzenie zewnętrzną jej częścią. W ostatniej fazie, zamiast stawiać stopę obok piłki, uderz ją w doskoku szpicem w centralny punkt. Natychmiast złap na niej równowagę i drugą nogą wyprowadź uderzenie w powietrze, tak aby nogi skrzyżowały się w końcowej pozycji.

Ćwiczenie

Wypracuj dokładnie schemat samego doskoku z uderzeniem. Gdy już go opanujesz, dołóż wymach i ćwicz z piłką, celując jak najbliżej słupka.

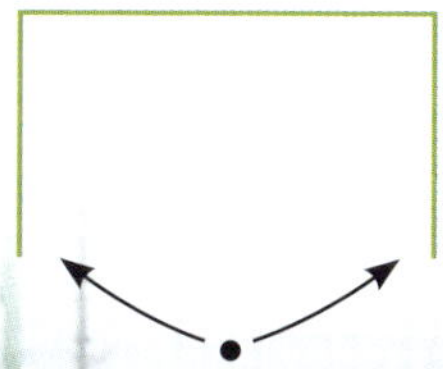

10 NAJLEPSZYCH ZWODÓW, KTÓRE MOŻESZ WYKONAĆ NA BOISKU

Wyobraź sobie, że twoja drużyna przegrywa, nikomu nie wychodzą strzały, podania są przecinane przez przeciwników, a czasu do końca meczu coraz mniej.

Twojemu zespołowi po prostu brakuje motywacji, żaden jego członek nie wierzy już w zwycięstwo. Teraz wszystko zależy od ciebie. W takich chwilach czasem potrzebny jest jeden zawodnik, jeden zwód albo trik, który sprawi, że cała drużyna przebudzi się ze snu i uwierzy, że jeszcze nie wszystko stracone. Zawodnikiem, który często w ten właśnie sposób odmieniał losy spotkania, był idol mojego dzieciństwa Ronaldinho. Wielu współczesnych wybitnych dryblerów bardzo często inspiruje się zwodami, które właśnie on rozpracował i po raz pierwszy zaprezentował światu. Dziś tacy piłkarze jak Hazard i Neymar, tylko lekko modyfikując pierwotne wersje zwodów Ronaldinho, zachwycają setki kibiców. W tym rozdziale chciałbym przedstawić wam najbardziej charakterystyczne zwody prezentowane przez piłkarzy światowej klasy, które szybko i łatwo otworzą wam drogę do zdobycia bramki.

Ronaldinho Gaucho

Elastico

Zwód, w którym się zakochałem, gdy byłem jeszcze dzieckiem, a który do dziś jest moim ulubionym. Ronaldinho dosłownie przewracał nim przeciwników. Teraz prawie każdy czołowy napastnik ma go w swoim repertuarze zwodów.

- Stajemy na lekko ugiętych nogach za piłką, tak aby noga, którą będziemy wykonywać trik, znajdowała się bezpośrednio przy piłce. Uginamy lewą nogę i zewnętrzną częścią stopy wyprowadzamy piłkę w bok. Podążamy ciałem za piłką, prostując delikatnie lewą nogę i przenosząc ciężar ciała na prawą stronę. Wyprzedzamy piłkę nogą i zmieniamy jej kierunek wewnętrznym podbiciem w lewą stronę. Łapiemy równowagę na całej prawej stopie i biegniemy za piłką w kierunku jej lotu.

Heel nutmeg

– świetny sposób, żeby założyć przeciwnikowi siatkę

- W pełnym biegu zatrzymujemy piłkę, kładąc podeszwę prawej stopy na piłce. Uginamy lekko prawą nogę i wybijamy się z lewej na kilka centymetrów nad ziemię. Przekręcamy się w bok (przekręcamy też głowę w bok, aby zmylić przeciwnika). Delikatnie naprowadzamy podeszwą piłkę do siebie i wyprowadzamy uderzenie wewnętrzną częścią stopy.

Back hell flick

– trik w sam raz, gdy chcemy, aby piłka nieprzewidywalnie trafiła do naszego kolegi z drużyny

- Podbijamy piłkę tak zwanym hakiem, odchylając palce stóp pod kątem 45 stopni w stosunku do podłoża. Wybijamy piłkę na wysokość biodra, jednocześnie przekręcamy ciało w bok. Unosimy nogę, kierując kolano do wewnątrz, i uderzamy piłkę centralnie piętą, ułożywszy stopę prawie poziomo w stosunku do podłoża.

Leo Messi

Signature move

Mimo że Messi nie ma w swoim repertuarze gamy trików, rozpoczynając swoje zawrotne rajdy, często stosuje ten jeden, który pozwala mu na tak wiele...

- Stajemy nisko na nogach, po dowolnej stronie piłki. Kolano bliższe piłki wędruje do wewnątrz. Po pierwszym zwrocie kolano zostaje wyprostowane i przeniesione nad piłką, a stopa postawiona trzydzieści centymetrów po jej zewnętrznej stronie. Zagarniamy piłkę wewnętrznym podbiciem i wychodzimy na czystą pozycję.

3
4

Cristiano Ronaldo

Ronaldo CHOP

– idealny zwodzik do prostopadłej zmiany kierunku prowadzenia piłki w pełnym biegu.

- Podczas prowadzenia piłki wykonujemy zamach do strzału. W trakcie zbliżenia nogi zamachowej do piłki delikatnie podskakujemy na drugiej nodze i przemieszczamy ciężar ciała. Uderzamy piłkę w przeskoku za drugą nogą i jednocześnie łapiemy równowagę na nodze wykonującej trik. Przejmujemy piłeczkę i strzelamy brameczkę.

3
ARMIA KRZYCHA

Double touch exit

– trik, który Ronaldo pokazał jeszcze za czasów gry w Manchesterze United, a który teraz jest jednym z bardziej efektownych zwodów w FIF-ie.

- Stajemy za piłką po dowolnej stronie. Nogą wykonujemy okrężny wymach nad piłką, w tym samym czasie wyskakujemy w jej kierunku na drugiej nodze. W trakcie podskoku uderzamy piłkę wewnętrzną częścią stopy nogi niedominującej w kierunku wewnętrznej części stopy nogi dominującej. Piłka odbija się jak w ping-pongu i jesteśmy na czystej pozycji do strzału.

Neymar

Hocus Pocus

– drybling, którym Neymar zadziwiał jeszcze za czasów gry w brazylijskich drużynach.

- Przyjmujemy prawidłową pozycję; noga dominująca znajduje się przy piłce. Wyprowadzamy nogę niedominującą do przodu, a następnie wewnętrzną częścią stopy kierujemy piłkę za nogą postawną. Stopa podąża za piłką i maksymalnie wyciągniętą zagarniamy piłkę z powrotem zewnętrznym podbiciem. Łapiemy równowagę i podążamy za piłką.

1

2

3

Zinedine Zidane

Ruletka

– pierwszy raz zobaczyłem ją ponad piętnaście lat temu na mundialu. Byłem pod wrażeniem efektowności i efektywności tego triku. To zdecydowanie poziom mistrzowski.

- Prowadzimy piłkę blisko siebie, a następnie przekręcamy ciało na bok, jednocześnie pociągając piłkę podeszwą buta. Stopa, którą ciągniemy, wędruje po ziemi. Robimy obrót całym ciałem i podeszwą drugiej stopy lub jej wewnętrzną częścią wyprowadzamy piłkę. Dokręcamy całe ciało i piłka wędruje na wprost, zgodnie z kierunkiem naszego biegu.

3

Zlatan Ibrahimović

Stepover

– trik z pociągnięciem podeszwą, piękny, jeśli wykonasz go przy pełnej szybkości.

- Prowadzimy piłkę bardzo blisko siebie i pociągamy zgodnie z kierunkiem biegu. Stopa, którą pociągamy piłkę, wędruje natychmiast z powrotem przed piłkę i wykonuje okrężny ruch na zewnątrz. Następnie kładziemy całą stopę na ziemi. Drugą nogą odwzorowujemy opisany ruch. Zewnętrzną częścią stopy wyprowadzamy piłkę w prawo i biegniemy ile sił.

3

Jay Jay Okocha

Reverse flick

– klasyczna przerzutka, którą Jay Jay opanował właściwie do perfekcji i zwykł wykonywać nawet w samym narożniku boiska.

- Nabiegamy na piłkę, a następnie przyciskamy ją prawą nogą do wewnętrznej części drugiej nogi. Pochylamy ciało do przodu, jednocześnie podskakując na lewej nodze. W trakcie podskoku nasze łydki wędrują pod pośladki i piłka dostaje potężnej mocy, przez co wyrzucona jest z pięty nad nami. „Gasimy" piłkę prostym podbiciem i biegniemy dalej.

ZOSTAŃ
MISTRZEM
TRIKÓW
PIŁKARSKICH

Jak zostać freestylerem

Cechy dobrego freestylera to: kontrola piłki, styl połączony z nienaganną techniką wykonywania sztuczek i kreatywność. Nic cię nie ogranicza, jesteście tylko ty i piłka. To, co z nią zrobisz, zależy jedynie od ciebie. Wznieś swoje umiejętności na najwyższy poziom, wyższy niż najbardziej okazałe wieżowce świata, a kto wie, może pewnego dnia dzięki temu trafisz właśnie na taki budynek i na jego dachu zaprezentujesz swoje możliwości, jak ja w Dubaju. Mnie się to udało w 2012 roku. Wyżej byłem tylko raz kilka dni później, gdy skoczyłem ze spadochronem... Tyle że wtedy, niestety, nie pozwolono mi zabrać z sobą piłki.

Dziś ludzie wyprawiają z piłką takie rzeczy, o jakich kilka lat temu nikt nawet nie śnił. We *freestyle*'u wszystko jest dozwolone, nierzadko wykorzystuje się elementy akrobatyczne czy nawet taneczne. Każdego dnia przez młodych adeptów wymyślane są nowe arcytrudne kombinacje, które za pośrednictwem mediów społecznościowych oglądają miliony internautów. *Freestyle* jest całkowicie nieprzewidywalny, i właśnie ta cecha wyróżnia najlepszych zawodników na świecie.

Moja przygoda zawodowego freestylera zaczęła się w 2005 roku. W jaki sposób do tego doszło, już wiesz, bo wspomniałem o tym na wstępie. Jeśli jeszcze chce ci się czytać moją książkę, to niezmiernie się cieszę, bo właśnie teraz chciałbym dać ci kilka cennych rad, byś stał się kiedyś turbofreestylerem! Ujmij w dłonie ballON-a i zaczynamy!

Style trików

Trików jest bez liku, warto, abyś wpierw poznał najważniejsze ich style.

Air – triki, w trakcie których piłkę odbija się nogami w powietrzu. Charakterystyczny jest krótki kontakt stopy z piłką. Przykład: słynne „dookoła świata".

Upper – triki, w których angażujemy górne partie ciała. Piłka albo jest zatrzymywana statycznie dzięki odpowiedniemu balansowi ciała, albo przetacza się, jakby była do niego przyklejona. Gdy jakiś piłkarz trzyma piłkę na głowie lub na karku, to właśnie ćwiczy upper.

Ground – taniec z piłką spoczywającą przy podłożu, ulubiony styl ulicznych wirtuozów, którzy dzięki świetnemu połączeniu zwodów są w stanie w ułamku sekundy założyć rywalowi tak zwaną siatkę.

Sit down – okazuje się, że triki można wykonywać również wtedy, gdy pośladki dotykają podłoża. Nawet Messi prezentował te umiejętności na treningu, wykonując na siedząco kapki i przeplatając je crossami.

Te cztery style trików są najbardziej rozpowszechnione... Ale z biegiem czasu freestyle rozwinął skrzydła i kreatywni gracze zaczęli wykonywać niebanalne kombinacje, wykorzystując przy tym elementy akrobatyki lub tańca, a nawet najróżniejsze rekwizyty. Wtedy pojawił się styl nazywany przeze mnie special, który łączy w sobie rozmaite style.

Wybierz swój styl albo kilka stylów

Sam musisz wybrać, jakie triki najbardziej cię interesują, ja oczywiście chciałbym, abyś został turbofreestylerem, który wszystkie style ma doskonale opanowane. A może chcesz na przykład tylko zaimponować innym na treningu piłkarskim? Większość piłkarzy skupia się wtedy głównie na trikach typu air i ground, które pozwalają im na zdobycie jeszcze większej kontroli nad piłką. Musisz jednak pamiętać, że niezależnie od tego, czy chcesz być wszechstronnym freestylerem, czy znać tylko kilka trików, powinieneś doskonale opanować sztukę żonglerki piłką. Futbolówka ma cię słuchać w każdej sytuacji, ma sprawiać wrażenie, że jest doczepiona do sznurka, który ty trzymasz w dłoni (swoją drogą, metoda ze sznurkiem i siatką jest całkiem spoko do nauki).

I tak jak głosi hasło na mojej piłce: „*turn the ballON*", każdego dnia włączaj tryb piłki i działaj!

Lekcja *freestyle*'u z Krzychem krok po kroku

Nauka żonglerki nogami i głową

Zacząłem poważniej bawić się *freestyle*'em w wieku piętnastu lat. Zawsze dużo czasu poświęcałem żonglerce, ale mimo że potrafiłem odbić piłkę nogą nawet sto razy, gdy trzeba było wykonać pierwsze triki, to jakoś dziwnie się usztywniałem. Sztuczki się nie udawały i wszystko wyglądało jakoś *niestylowo* i nieporadnie, nie mówiąc już o tym, że garbiłem się przy tym niemiłosiernie... Tak było, zanim zrozumiałem, że z powodu złego ułożenia ciała blokowałem sobie dalszy rozwój. Wtedy nie było skąd czerpać wiedzy, więc zmarnowałem wówczas dwa miesiące. Nie znałem nikogo, kto mógłby mi powiedzieć, jak trenować. Nie było nawet YouTube'a, żeby zobaczyć, o co w tym chodzi. Dziś masz do dyspozycji choćby tę książkę i internet (stronę trenujzkrzychem.pl), i wiele innych miejsc, gdzie wspólnie możesz wszystko poprawić, tak byś imponował trikami... ale wpierw musisz opanować żonglerkę.

Żonglerka

Na początek staraj się popracować nad prawidłową postawą. Stań luźno na nogach, delikatnie pochyl głowę do przodu (ale się nie garb), plecy – w miarę możliwości – trzymaj wyprostowane. Cały czas obserwuj dokładnie położenie piłki. Uderzaj ją przednią częścią buta. Ja, robiąc triki, zawsze odbijam piłkę częścią buta przed sznurowadłami. Staraj się odbijać ją na wysokość kolan, co zapewni ci możliwie najlepszą kontrolę. Uderzając ją w centralnym punkcie, tak by nie kręciła się w powietrzu minimalnie (ewentualnie może mieć rotację wsteczną w twoim kierunku). Koniecznie trenuj dwiema nogami. Po opanowaniu podstaw i wypracowaniu właściwej postawy przejdź do wykonywania kolejnych ćwiczeń.

Nauka żonglerki

Zaproponowana przeze mnie metoda sprawdza się idealnie – pozwala w krótkim czasie opanować sztukę żonglerki piłką. Pamiętaj, aby powtarzać ją każdego dnia przed treningiem, bo w początkowych fazach twojej *freestyle*'owej przygody systematyczność jest najważniejsza. Jeśli poświęcisz codziennie dziesięć minut na sumienne ćwiczenia żonglerki, to obiecuję ci, że w ciągu tygodnia znacznie poprawisz swój rekord.

Ćwiczenia

- Ujmij piłkę w dłonie, unieś ją na wysokość bioder, a następnie wykonaj jedno podbicie piłki na wysokość kolan i natychmiast spróbuj złapać ją rękoma. Ćwiczenie powtórz obydwiema nogami.
- Ujmij piłkę w dłonie i tym razem rzuć tak, aby raz odbiła się od ziemi, podbij ją i złap na wysokości dziesięciu centymetrów nad kolanami. Pamiętaj, aby w momencie odbicia ballON-a druga noga była lekko ugięta w kolanie. Powtórz ćwiczenie prawą i lewą nogą.
- Ujmij piłkę w dłonie i wykonaj serię odbić według schematu: rzut piłki rękoma, odbicie jej prawą nogą, następnie lewą i złapanie w ręce.

Czas na wyprowadzenie żonglerki z ziemi. Podbij piłkę tak zwanym hakiem prawą nogą, po czym wykonuj podbicia kolejno nogami: prawą, lewą; „zgaszenie" do ziemi lewą.

Teraz twoim zadaniem jest zwiększanie liczby podbić piłki w powietrzu. Po podbiciu jej z ziemi wykonuj kolejno: podbicie i cztery kapki (na przemian nogą prawą, lewą, prawą, lewą), „zgaszenie". Z każdym następnym ćwiczeniem staraj się podwajać liczbę kapek w środku, czyli kolejno: cztery, osiem, szesnaście, trzydzieści dwa, sześćdziesiąt cztery!

Żonglerka z wykorzystaniem kolan

Kolana czy raczej kolanka jako rodzaje podbić nie są za często wykorzystywane we *freestyle*'u, ale uwzględniające je zaproponowane przeze mnie ćwiczenia pomogą ci w wypracowaniu odpowiedniej postawy i koordynacji ciała. Przy żonglerce kolanami piłkę wybijamy wyżej (na wysokości klatki piersiowej), uderzając ją tuż nad kolanem zgiętym pod kątem prostym w stosunku do podłoża. Plecy powinny być wyprostowane, głowa skierowana w stronę piłki, lecz nie za blisko. Człowieku, nie wybij sobie zębów!

Ćwiczenia

- Ujmij piłkę w dłonie i rzuć na kolano, staraj się odbić ją dwa razy i złapać ręką. Tę samą czynność powtórz drugą nogą.
- Teraz rzuć mocno piłkę o podłoże, tak by odbiła się na wysokość klatki piersiowej, wykonaj dwa kolanka na zmianę prawą i lewą nogą, a następnie złap piłkę rękoma.
- Podkręcamy tempo. Wybij piłkę z prawej nogi, wykonaj prawe kolanko, lewe kolanko i przyjmij prostym podbiciem lewej stopy. Czynność powtórz od lewej do prawej.
- Pracujemy na rekordem. Po rzuceniu piłki rękoma podwajaj liczbę kolanek, kolejno: dwa, cztery, osiem, szesnaście, trzydzieści dwa itd.

  Teraz seria podbić: prawa stopa, prawe kolanko, lewe kolanko, lewa stopa, prawa stopa, prawe kolanko, lewe kolanko, lewa stopa... i kontynuuj rundki!

Żonglerka głową

Główencje nieraz uratują ci... tyłek. Gdy *freestyle*'owym trikiem wybijesz piłkę kilkadziesiąt metrów nad ziemię... to główka da ci trochę czasu, byś mógł się przygotować i „wygasić" piłkę, przechodząc znowu do kapek. W piłce nożnej do uderzeń głową raczej wykorzystuje się czoło. W przypadku żonglerki uderzamy piłkę w miejscu widocznym na zdjęciu... Tam gdzie kończy się czoło, a zaczynają włosy. Przynajmniej u mnie, póki jeszcze mam bujną czuprynę. Stań w lekkim rozkroku. Podczas uderzania piłki ugnij ręce w stawie łokciowym, a dłonie skieruj ku górze. Odchyl głowę do tyłu i cały czas obserwuj piłkę, stopniowo przemieszczając się w taki sposób, aby zawsze spadała na twoją głowę pionowo z góry.

Ćwiczenia

- Używając znaczników, stwórz koło o średnicy jednego metra, stań w samym jego środku. Ujmij piłkę w dłonie, a następnie podrzuć do góry i uderz raz główką pionowo na wysokość jednego metra. Następnie odsuń się i sprawdź, gdzie spada piłka. Twoim zadaniem jest uderzenie piłki pionowo do góry, tak aby nigdy nie wyskoczyła poza koło. Ćwiczenie powtórz, najpierw wykonując jedno odbicie, a potem dwa i trzy.
- Powiększ koło do dwóch metrów, a następnie z każdym uderzeniem staraj się podbijać piłkę na coraz większą wysokość. Pamiętaj: nie wolno ci wyjść z koła. Ile główek udało ci się zrobić?
- W kole o średnicy dwóch metrów stań na środku i żongluj, jednocześnie obracając się wokół własnej osi. Ćwicz i staraj się zwiększać liczbę obrotów, aż dojdziesz do czterech. Ćwiczenie wykonaj, kręcąc się w lewo i w prawo.

Kompleksowe ćwiczenie na żonglerkę

Połóż piłkę na ziemi, podbij ją tak zwanym hakiem, wykonaj kolejno: jedno odbicie stopą, jedno kolanko i jedną główkę, a następnie w odwrotnej kolejności, jakby „schodząc" coraz niżej do kolanka, stopy i do góry. Na początku wykonaj to ćwiczenie nogą dominującą, następnie zmień na drugą. Na koniec połącz elementy ćwiczenia tak, aby piłka zawsze z kolanka lądowała na przeciwległej stopie, a ze stopy na kolanie drugiej nogi.

Freestyle dla początkujących

Gdy opanujesz już żonglerkę, możesz zabrać się za trudniejsze elementy. Teraz zdradzę ci, jakie triki powinieneś wykonać na początku i w jakiej kolejności najlepiej się ich uczyć. Często jeden trik jest konsekwencją innego, jego uzupełnieniem lub rozszerzeniem. Pamiętaj o tym! Ja na początku – tak jak w przypadku żonglerki – chciałem umieć wszystkie triki natychmiast (nie wiedziałem, że to po prostu niemożliwe), co kończyło się frustracją, zdenerwowaniem i wykopywaniem piłki, gdzie pieprz rośnie, gdy ta wbrew mojej woli spadała na ziemię. *Freestyle* z Krzychem ma być dla ciebie fajną zabawą i zapewniam cię, że tak będzie, ale potrzebujesz trochę czasu i obycia z ballON-em.

TRIKI NOGAMI

CROSSOVER

Trudność triku ★★☆☆☆

Powietrzna wariacja, która wygląda efektownie, ale na szczęście nie jest trudna.

Ćwiczenie

- Ujmij piłkę w dłonie i rzuć, pozwalając jej raz odbić się od ziemi. Gdy znajdzie się na wysokości twojego kolana, wyskocz na swojej dominującej nodze. W trakcie wyskoku drugą nogą okrąż piłkę do wewnątrz, tak by twoje nogi się skrzyżowały. W lekkim pochyleniu do przodu uderz piłkę prostym podbiciem nogą dominującą, a następnie wyląduj na nodze, która uderza piłkę. Wróć z tej tak zwanej pozycji krzyżaka do normalnej pozycji do żonglerki.
- Crossovera wykonaj po jednym odbiciu piłki od ziemi, następnie prosto z powietrza i na koniec z żonglerki. Zwykle noga, która wykonuje crossa, również wybija piłkę do triku z żonglerki.

1

2

TRIKI NOGAMI

AROUND THE WORLD

Trudność triku ★★☆☆☆

Najpopularniejszy trik *freestyle*'owy, od którego wszystko się zaczęło; wszystkie kolejne kombinacje, tak zwane combo, szybsze triki zwykle zawierają go w sobie.

Ćwiczenie

- Na początek wykonaj trik z pozycji statycznej, umieść piłkę na stopie, a następnie przyciśnij płaskim podbiciem do piszczela, żeby nie uciekła ci w żadną stronę. Poćwicz w tej pozycji ruch nogą do zewnątrz razem z piłką, tak aby nie spadła na ziemię. Powtórz wykonanie ruchu, tylko rozluźnij uścisk, gdy będziesz na godzinie 9:00, 10:00 (jakby twoja noga była wskazówką zegara), a następnie dokręć obrót. Piłka powinna stoczyć się po zewnętrznej części stopy. Teraz wykonaj bardziej energiczny ruch, by piłka w momencie staczania została wyrzucona do góry, a następnie szybko dokręć ruch, ustawiając stopę pod piłką.
- Po dookoła świata z pozycji statycznej zrób po jednym odbiciu od ziemi oraz z żonglerki, aż do doskonałego opanowania. W trakcie żonglerki moment staczania piłki zastąp podkręcaniem jej do zewnątrz. Po dookoła świata w kierunku na zewnątrz staraj się go powtórzyć do środka i wykonując ruch w kierunku do wewnątrz piłki. Schemat nauki jest dokładnie taki sam jak opisany powyżej.

3
TURBO

REVERSE CROSSOVER

Trudność triku ★★☆☆☆

Z jego nauką nie powinno być problemu, bo przecież zwykłego crossa już opanowałeś.

Ćwiczenie

Przyjmij pozycję luźno na nogach, ujmij piłkę rękoma i rzuć, tak aby swobodnie odbiła się raz od ziemi na wysokość twoich bioder. W momencie gdy będzie się znajdować na wysokości bioder, podskocz na dominującej nodze i jednocześnie wykonaj drugą nogą wymach nad piłką do zewnątrz. Wyląduj na nodze, z której się wybiłeś, i kontynuuj żonglerkę nogami. Ćwiczenie powtórz z ziemi, a następnie próbuj wykonać je bezpośrednio z żonglerki.

Trudność triku ★★★☆☆

TRZYMANIE PIŁKI NA KOLANIE

„Zgasić" piłkę jest stosunkowo łatwo.
Ale czy zastanawiałeś się, jak długo potrafisz
ją w tym samym miejscu na kolanie utrzymać?

Ćwiczenie

Stań na jednej nodze, złap mocno ciężar ciała, a następnie podnieś drugą ugiętą pod kątem prostym. Umieść piłkę rękami w miejscu, gdzie kończy się kolano, a zaczyna udo. Podnieś się lekko na palcach nogi podporowej i staraj się jak najdłużej balansować nogą, aby piłka nie spadła na ziemię. Gdy będzie się staczać do przodu, podnoś kolano wyżej, a gdy na boki, lekko podskakuj i przemieszczaj się w jedną stronę. Na koniec spróbuj złapać piłkę na kolanie, amortyzując jej uderzenie bezpośrednio z żonglerki. Wybij piłkę na wysokość klatki piersiowej, unieś się na palcach i w momencie kontaktu piłki z kolanem obniż się oraz obniż kolano w celu „zgaszenia" piłki na nodze.

1

TRIKI NOGAMI

TOE BOUNCE

Trudność triku ★★★☆☆

Trzeci w kolejności trik, który świetnie komponuje się z różnymi obrotami.

Ćwiczenie

- Stań na dominującej stopie, tak by całą swoją powierzchnią podeszwy przylegała do ziemi. Utrzymujesz na niej ciężar ciała, druga stopa pozostaje luźna. Ujmij piłkę w dłonie i rzuć swobodnie w kierunku palców dominującej stopy i w momencie zetknięcia jej z ballON-em odchyl się na pięcie do tyłu, podnosząc palce do góry. Stopa w momencie samego uderzenia powinna być usztywniona i stworzyć wyrzutnię dla piłki. Ćwicz uderzenie, kieruj je zawsze pionowo do góry, na wysokość ponad kolana. W trakcie spadania piłki w kierunku nogi wykonaj okrężny ruch nad nią drugą nogą do wewnątrz. Nogi się krzyżują, a ty wyprowadzasz uderzenie i powracasz do pozycji startowej.
- Trik wykonaj, rzucając piłkę rękoma, po jednym odbiciu od ziemi, a następnie z żonglerki. Tak jak w przypadku crossovera zwykle nogą wybijającą piłkę do triku jest ta sama, która go wykonuje.

2
N

1

TRIKI NOGAMI

HOP THE WORLD (HTW)

Trudność triku ★★★☆☆

Krokami przemierzaj świat. Trik, który pozwoli ci świetnie manewrować między różnymi trudniejszymi sztuczkami, tak by wszystkie łączyły się w efektowne combo. Jedną nogą wykonujesz podbicie, a następnie obrót dookoła piłki do wewnątrz, podczas gdy druga kontynuuje żonglerkę.

Ćwiczenie

- Stań na jednej nodze, a na drugiej lekko ugiętej umieść piłkę, tak aby płaskim podbiciem była przyciśnięta do kości piszczelowej.
- Lekko podskocz, wyrzucając jednocześnie piłkę na wysokość kolana.
- W momencie podskoku wykonaj obrót drugą nogą do wewnątrz dookoła piłki, a następnie uderz piłkę prostym podbiciem.
- Jeśli masz problem z wykonaniem prawidłowego obrotu i zawadzasz nogą o piłkę, poćwicz go najpierw po odbiciu piłki od ziemi. Piłkę rzucasz rękoma.

2

3

2

TRIKI NOGAMI

KNEE HTW

Trudność triku ★★★½☆

Ten trik będzie wymagał od ciebie większej zwinności i skoczności, bowiem powoli wchodzisz na wyższy poziom *freestyle*'owych wariacji. Okrążasz piłkę nogą bezpośrednio po wybiciu jej z kolana.

Ćwiczenie

Ćwiczenie wykonaj, najpierw trzymając piłkę na kolanie (umieść piłkę na kolanie nogi niedominującej), następnie szybkim ruchem obniż i natychmiast podnieś kolano, aby wyrzucić piłkę przed siebie. Staraj się nie wyrzucać jej pionowo do góry, lecz trochę pod kątem. W momencie wyrzutu wybij się na nodze podporowej i wykonaj pełny obrót nogą dookoła piłki, a następnie podbij płaskim podbiciem do góry. W trakcie uderzenia możesz lekko przeskoczyć do przodu. To samo ćwiczenie wykonuj, żonglując. Pamiętaj, że nie możesz wyrzucić piłki zbyt wysoko, tylko kieruj jej lot ku przodowi. W przeciwnym razie zwyczajnie nie dasz rady tak wysoko podnieść nogi do góry.

1
#TRENUJ
ZKRZYCHEM

TRIKI NOGAMI

TOUZANI AROUND THE WORLD (TATW)

Trudność triku ★★★★☆

Niezwykle efektowny trik, który powstał z połączenia ATW (dookoła świata) oraz *crossovera*, wykonywany w jednym tempie przeskoku, zadziwia wszystkich.

Ćwiczenie

- Umieść piłkę na płaskim podbiciu, po czym unieś ją na wysokość około dwudziestu centymetrów nad ziemią. Wykonaj ruch jak w ATW, tak aby piłka stoczyła się po nodze podczas obrotu. Gdy twoja noga będzie zbliżać się do najwyższego punktu nad piłką, musisz wybić się z nogi postawnej i w momencie spadania wykonać pełny crossover. Stopę nogi wybijającej piłkę w ostatniej jego fazie najpierw odginasz w dół, a następnie nadajesz nią siłę uderzenia, bardzo szybko powracając do górnej pozycji.
- Ćwiczenie najpierw wykonuj z pozycji statycznej (sam moment naskoku i wybicia piłki, po jej uprzednim odbiciu od ziemi). Następnie z trzymanej rękoma oraz z żonglerki. Staraj się mocno wybijać piłkę, nawet na wysokość klatki piersiowej, i cały czas obserwuj jej lot.

4

TRIKI NOGAMI

MITCHY AROUND THE WORLD (MATW)

Trudność triku ★★★★☆

Kwintesencja *freestyle*'u, istne *freestyle*'owe szaleństwo! Klasyczna odwrotność TATW, jedyna różnica to przeciwny ruch krążenia w pierwszej jego fazie. Aktualnie to jeden z moich ulubionych trików, którego nauczenie się zajęło mi kilka miesięcy. Trik ten fantastycznie komponuje się z innymi i dodaje kombinacji swoistego pazura.

Ćwiczenie

Umieść piłkę na stopie i zacznij wykonywać ATW do wewnątrz, tak aby piłka przetoczyła się po wewnętrznej części stopy i spadła przed tobą. Kiedy twoja dominująca noga będzie się znajdować nad piłką, wybij się mocno z drugiej i w fazie opadania wykonaj crossovera, jednak z większym naciskiem na to, aby piłka została wybita za pomocą szybkiego odchylenia przedniej części stopy od dołu do góry. Ja nazywam to pstryknięciem stopą. Następnie kontynuuj żonglerkę.

3

TRIKI NOGAMI

ALTERNATIVE TATW/MATW

Trudność triku ★★★★★

Niezbędne, gdy będziesz chciał poszaleć i w przyszłości wykonywać kombinacje *no touch* (kiedy z jednego triku w locie robisz od razu kolejny). Jest to zdecydowanie trudniejsza forma wcześniej opisanych trików, ale dająca właściwie nieograniczone pole do popisu i możliwości ich łączenia w przeróżne kombinacje. Jedyna różnica polega na tym, że trik wykonujesz bezpośrednio w powietrzu po wybiciu piłki z drugiej nogi.

Ćwiczenie

W przypadku ATATW wybij piłkę niedominującą nogą, wykonaj drugą do połowy HTW (do zewnątrz) i w końcowej fazie, gdy noga będzie się znajdowała po lewej stronie piłki, wyskocz, jednocześnie robiąc crossovera (pstryknięcie stopą). W przypadku AMATW wybij piłkę niedominującą nogą, wykonaj drugą do połowy HTW (do wewnątrz) i w najwyższej fazie wyskocz, jednocześnie robiąc crossovera.

2

UTRZYMYWANIE PIŁKI NA GŁOWIE

Trudność triku ★★☆☆☆

Podstawowy trik niezbędny do wykonywania trików *upper*, gdy będziesz chciał biegać z piłką na głowie, przyklękać lub balansować z nią na siedząco.

Ćwiczenie

- Stań w lekkim rozkroku na ugiętych nogach, rozłóż szeroko ręce, odchyl się do tyłu i umieść piłkę w miejscu, gdzie kończy się czoło, a zaczynają włosy (tak zwany kant czoła). Puść piłkę swobodnie, gdy będzie ci się staczać na oczy, odchyl się bardziej do tyłu i zrób szybko kilka kroków do przodu. Jeśli piłka będzie staczała się po twoich włosach, podnieś lekko głowę. Znajdź w ten sposób swoje właściwe ułożenie ciała. Ćwicz opisany schemat dopóty, dopóki nie będziesz właściwie stał z piłką na głowie bez niepotrzebnych ruchów.
- Gdy znajdziesz swoją pozycję, wyrzucaj piłkę najpierw rękoma, potem nogą i staraj się zamortyzować piłkę na swoim czole. W momencie pierwszego kontaktu piłki z głową ugnij szybko nogi i odchyl głowę do tyłu.

#TRENUJ
zKRZYCHEM
TURBO

UPPER

TRZYMANIE, WYRZUCANIE I ŁAPANIE PIŁKI NA KARKU

Trudność triku ★★★☆☆

Gdy już opanujesz trzymanie piłki na głowie, warto, żebyś nauczył się przetaczania piłki lub wybicia na inną część twojego ciała.

Ćwiczenie

- Przyjmij pozycję skoczka narciarskiego w trakcie najazdu w kierunku progu skoczni: nogi mocno ugięte w kolanach, ręce odchylone za siebie, głowa do góry – patrzysz w niebo. Połóż piłkę oburącz na karku i staraj się przemieścić o kilka kroków do przodu. Pamiętaj, że twoje barki muszą znajdować się w jednej linii; gdy tylko się przechylisz, piłka stoczy się bokiem po szyi na ziemię. Aby wyrzucić piłkę do góry z pozycji skoczka narciarskiego, szybko pochyl głowę w dół, tak jakbyś chciał spojrzeć na swoje kolana, a następnie, gdy poczujesz, że piłka wtacza ci się na potylicę, natychmiast wróć głową do pozycji wyjściowej i wyprostuj ciało.
- Aby złapać piłkę, stań na lekko ugiętych nogach, ręce odchyl za siebie i wyprostuj sylwetkę. Obserwuj dokładnie ballON i gdy piłka będzie około dwudziestu centymetrów nad twoją głową, szybkim, energicznym ruchem przyjmij pozycję skoczka narciarskiego, amortyzując spadanie piłki pochyleniem ciała do przodu i odpowiednim ugięciem kolan.

1

2

TRENUJ Z KRZYCHEM

UPPER

HELIKOPTER + POMPKA

Trudność triku ★★★½☆

Skoro już potrafisz trzymać piłkę na karku, warto od razu pójść na całość i wykonać szybką ewolucję, tak aby przydać temu trikowi jeszcze większego polotu.

Ćwiczenie

- Umieść piłkę na karku, rozłóż ręce szeroko, po czym staraj się obrócić dookoła własnej osi. Przykładowo, ja wykonuję to zawsze w lewą stronę. Stopniowo zwiększaj tempo i pamiętaj, że twoje barki muszą znajdować się w jednej linii.
- Po wykonaniu obrotów przyjmij pozycję jak do klasycznej pompki, pamiętając, że przykucnięcie i przyłożenie dłoni do ziemi musisz wykonać równocześnie, tak aby piłka nie stoczyła się na bok. Następnie pompujesz, człowieku, ile tylko masz sił!

1

2

UPPER

TRZYMANIE PIŁKI NA BOKU GŁOWY

Trudność triku ★★★★☆

Tak zwany klasyczny *side stall*, w którym piłka „siedzi" na skroni, a ty uśmiechasz się do zachwyconych kolegów.

Ćwiczenie

- Przyjmij pozycję jak na zdjęciu: lewa noga lekko ugięta (na niej spoczywa ciężar ciała), druga bardziej wyprostowana, utrzymuje odpowiednią równowagę.
- Umieść piłkę na skroni rękoma i natychmiast je rozłóż, aby jeszcze bardziej wspomóc utrzymanie równowagi.
- Gdy opanujesz utrzymywanie piłki na boku głowy, staraj się uzyskać je, przechodząc do klasycznego trzymania piłki na czole!

Trudność triku ★★★★★

UPPER
360

Istne szaleństwo: piłka przetacza się z karku na bark, później na klatkę piersiową i wraca na kark! Ronaldinho wykonywał ten trik jeszcze za czasów serwisu Joga Bonito

Ćwiczenie

- Przyjmij pozycję wyjściową jak przy trzymaniu piłki na karku, ręce powinny być rozłożone szeroko. Następnie wykonuj tułowiem okrężny ruch w lewą stronę, tak aby piłka wtoczyła się na przednią część barku. Gdy już znajduje się na barku, szybkim ruchem wypchnij kolana do przodu i odchyl się do tyłu, jednak z zachowaniem zasady: bark, na którym znajduje się piłka, wyżej od drugiego, by piłka przetoczyła się po klatce piersiowej.
- Gdy piłka po klatce piersiowej wędruje do drugiego barku, dokręć obrót i lekko wybij piłkę, tak aby z powrotem trafiła na kark. Podziel naukę tego triku i ćwicz kolejno etapami: wyprowadzenie piłki na bark, przetoczenie z barku po klatce piersiowej na drugi bark, wyrzucenie z barku na kark.
- Sit down.

1

2

SIT DOWN

ODBIJANIE PIŁKI STOPAMI NA SIEDZĄCO

Trudność triku ★★☆☆☆

Na pewno widziałeś Messiego, jak na treningu właśnie w taki sposób podbija piłkę. Powiem ci w tajemnicy, że to nic nadzwyczajnego. Turbofreestylerzy ćwiczą tak codziennie, właściwie bez patrzenia na piłkę.

Ćwiczenie

- Usiądź na ziemi, rozłóż ręce z tyłu szeroko, tak aby dotykały podłoża i dawały ci podparcie, a następnie ugnij nogi w kolanie, tak aby tworzyły trójkąt z ziemią.
- Przytrzymaj piłkę między nogami, a następnie wyrzuć ją prostym wyrzutem do żonglerki. Odchyl stopę do tyłu jak przy prostym podbiciu, odchyl plecy do tyłu i na ugiętych nogach żongluj piłką przed sobą. Obserwuj piłkę, kolana uginaj delikatnie, by nie zasłaniały ci piłki. Odbijaj najpierw samą prawą, potem samą lewą nogą, a następnie naprzemiennie: lewa, prawa, lewa, prawa.

SIT DOWN

ODBIJANIE PIŁKI PISZCZELAMI

Jeśli doskonale już kapkujesz stopami, to piszczelami też się nauczysz.

Ćwiczenie

Przyjmij pozycję z ugiętą jedną nogą w kształcie trójkąta do ziemi, druga odbijająca powinna być wyprostowana, a stopa obciągnięta ku górze. Rzuć piłkę rękoma, tak aby spadała pionowo na piszczel, a następnie szybkim ruchem podnieś całą nogę do góry, nadając siły wybiciu piłki. Najpierw ćwicz osobno każdą z nóg, po czym ćwicz naprzemiennie: lewa, prawa, lewa, prawa. Na początku nauki staraj się przestrzegać następującej zasady: gdy jedną nogą odbijasz, drugą uginasz, i tak bez przerwy. Staraj się teraz wykonać serię: podbicie stopą, podbicie piszczelem, podbicie stopą, podbicie piszczelem na dwie nogi.

SIT DOWN

CROSSOVER NA SIEDZĄCO

Trudność triku ★★★★☆

Najbardziej popularny i najczęściej stosowany trik *freestyle*'owy umożliwiający płynne przechodzenie pomiędzy poszczególnymi kombinacjami. Czas okrążyć piłkę nogą w powietrzu!

Ćwiczenie

Przyjmij prawidłową pozycję, ręce powinny być oparte płasko do ziemi, noga dominująca, którą podbijasz piłkę do góry, ma być ugięta w kolanie i minimalnie uniesiona nad ziemią. Zadaniem drugiej nogi jest wykonywanie pełnych ruchów okrężnych dookoła piłki według następującego schematu: w momencie podbijania stopa drugiej nogi znajduje się nad piłką, a gdy piłka jest w powietrzu, stopa musi znaleźć się pod piłką. Wypracuj sobie najpierw sam ruch, trzymając statycznie piłkę, i podrzucaj z płaskiego podbicia do crossovera.

Klasyczny bardzo widowiskowy trik, który wprawi publiczność w osłupienie, jeśli będzie odpowiednio wykonywany w pozycji leżącej.

Ćwiczenie

Przyjmij pozycję leżącą na plecach, ugnij nogi w kolanach i unieś je nad siebie, tak aby stopy były ustawione równolegle do podłoża. Ujmij piłkę rękoma, wyrzuć ją nad brzuch, a następnie wykonaj jedno odbicie nogą dominującą. Odbicie powinno stwarzać wrażenie ruchów jak podczas pedałowania na rowerze: noga przemieszcza się znad brzucha w kierunku podłoża, uderzając piłkę przednią częścią stopy. Ćwiczenie powtórz z udziałem obu nóg, piłkę po jej wybiciu złap rękoma. Teraz staraj się odbijać piłkę naprzemiennie: prawa, lewa, prawa, lewa. Pamiętaj o szybkim powrocie drugiej nogi i odbijaj piłkę, jakbyś jechał na rowerze. Gdy podrzucisz piłkę, ręce szybko ułóż na podłożu wzdłuż ciała.

1

2

GROUND
STREET MOVE

Trudność triku ★★☆☆☆

Rundka z ballON-em, którą każdy groundmaster zna na pamięć. Sprawiasz, że piłka wędruje za twoimi nogami, przez co nie pozwalasz rywalowi jej dosięgnąć.

Ćwiczenie

Prowadź piłkę, wykonaj zamach, jakbyś chciał ją uderzyć, lecz zamiast tego połóż stopę na piłce i przeciągnij ją w linii prostej za siebie. Gdy piłka znajdzie się za twoją nogą, zmień jej kierunek palcami stóp, aby przetoczyła się za twoimi plecami. Wtedy uaktywnij drugą nogę, którą wykonaj zamach do tyłu i zagarnij piłkę z powrotem przed siebie. Ten sam schemat powtórz, prowadząc lewą nogą piłkę za plecami, przeciągając ją przed siebie palcami prawej i przemieszczając przed siebie.

3

Trudność triku ★★★☆☆

GROUND

PRZEPLATANKA DO TYŁU

Idealna do połączenia z pierwszym elementem. Od prezentacji tego zwodu rozpoczęły się zamieszczane na moim kanale na YouToubie odcinki z udziałem Roberta Lewandowskiego.

Ćwiczenie

- Pociągnij piłkę w linii prostej za siebie niedominującą nogą. Momentalnie połącz stopy i zacznij przeplatankę od lewej nogi. Możliwie najdalej wyciągnij nogę w bok za drugą nogą, tak aby piłka przetoczyła się między nimi. Następnie z pozycji krzyżaka wykonaj ruch drugą nogą w przeciwnym kierunku.
- Na koniec dołóż do tego przeskok, by przeplot wyglądał jeszcze bardziej dynamicznie.

GROUND

TRIPLE AKKA

Trudność triku ★★★★☆

Nic innego jak potrójne elastico na ziemi. Tak, to jest możliwe, człowieku! Jeden warunek: twoja noga musi poruszać się z prędkością... najszybszego odrzutowca.

Ćwiczenie

- Stajesz za piłką, wewnętrznym podbiciem prowadzisz piłkę pod kątem 45 stopni, jednocześnie wykonując lekki krok za futbolówką.
- W połowie wykroku wyprzedź piłkę stopą, tak aby znalazła się po jej zewnętrznej stronie. Połóż nogę postawną na ziemi i wyprowadź uderzenie zewnętrzną częścią stopy jak przy klasycznym elastico.
- Na koniec zagarnij piłkę po raz ostatni wewnętrznym podbiciem i biegnij ile sił w nogach.

3

1

2

GROUND

AKKA 3000

Trudność triku ★★★★★

Dla mnie największe szaleństwo typu ground, jakie kiedykolwiek widziałem, choć można też powiedzieć, że to swoiste połączenie trików ground i air. Absolutne mistrzostwo świata! Musisz to umieć!

Ćwiczenie

- Podbijasz piłkę z ziemi tak zwanym hakiem na wysokość kolana i szybkim ruchem obracasz się do wewnątrz.
- W tym momencie drugą nogę podnosisz i wyciągasz tyłem w kierunku piłki, aby ta znalazła się na wewnętrznej części zgięcia kolana.
- W chwili styku nogi z piłką prostujesz ją i dokręcasz obrót całego ciała, jednocześnie zagarniając lub uderzając ją przed siebie płaskim podbiciem. Pamiętaj o odpowiednim rozstawie ramion i lekkim pochyleniu się do przodu.

3

SPECIAL

ŚCIĄGNIĘCIE KOSZULKI Z PIŁKĄ NA KARKU

Trudność triku ★★★☆☆

Bardzo fajny trik, który może opanować dosłownie każdy, dla kogo trzymanie piłki na karku nie stanowi problemów.

Ćwiczenie

- Umieść piłkę na karku, przyjąwszy pozycję skoczka narciarskiego w trakcie najazdu na próg skoczni.
- Odchyl głowę mocno do góry i rękami uchwyć koszulkę po jej bokach.
- Bardzo powoli pociągaj T-shirt w kierunku głowy pojedynczymi delikatnymi ruchami, tak aby piłka delikatnie obracała się i przetaczała w kierunku głowy. Cały czas utrzymuj pozycję. Podrzuć piłkę i złap do środka koszulki.

3

SPECIAL

ŚCIĄGNIĘCIE CZAPKI Z PIŁKĄ NA GŁOWIE

Trudność triku ★★★☆☆

Trik, który między innymi zapewnił mi udział w programie Mam talent i w jakimś stopniu mocno odmienił moje życie. Schemat podobny do zdejmowania obrusu ze stołu...

Ćwiczenie

Załóż czapkę w taki sposób, aby pokryła całe twoje czoło, i przyjmij pozycję jak do trzymania piłki na głowie. Szybkim ruchem pociągnij czapkę za jej koniec, tak aby piłka ześlizgnęła się z czapki na głowę bez zbędnego odbijania. Jeśli zrobisz to wystarczająco szybko w linii prostej w stosunku do podłoża, to piłka niemal nie drgnie, a ty nadal będziesz balansował z nią na głowie.

1

2

1

2

SPECIAL

FIKOŁEK Z WYRZUTEM PIŁKI W POWIETRZU

Trudność triku ★★★★☆

Świetne rozwiązanie, które zaskoczy wszystkich, gdy dzięki niemu jednym efektownym ruchem przejdziesz od trików *air* do klasycznych *sit down*.

- **Ćwiczenie**
- Ciężar ciała przenieś na nogę postawną. Lekko pochyl się do przodu. Umieść piłkę na płaskim podbiciu, a następnie podrzuć ją pod kątem około 60 stopni w stosunku do podłoża. Obserwuj piłkę i natychmiast wykonaj przewrót w przód, i przyjmij piłkę, kontynuując żonglerkę stopami.
- **Wskazówka:** pamiętaj, aby piłkę wyrzucać przed siebie, a nie pionowo do góry. W pozycji siedzącej tak będzie dużo łatwiej.

Gdy już opanujesz opisane triki, śmiało będziesz mógł nazywać się turbofreestylerem. Armia Krzycha czeka na ciebie! Ćwicz konsekwentnie, a następnie jak najszybciej nagraj film i wyślij mi go mailem (armiakrzycha@gmail.com). Oglądam wszystkie, a najlepsze wybieram i wrzucam na mój kanał na YouTubie. Ty możesz się tam znaleźć jako następny. Staraj się przestrzegać kolejności ćwiczeń, które przedstawiłem. Dzięki temu twój styl będzie znacznie lepszy i twoje popisy z ballON-em zrobią zdecydowanie korzystniejsze wrażenie. Pamiętaj, najpierw doskonałe opanowanie żonglerki, potem triki!

3

10 sposobów na podbicie piłki z ziemi

Pewnie nieraz zawirowało ci w głowie, gdy zobaczyłeś, jak niektórzy piłkarze lub freestylerzy potrafią efektownie podbić piłkę z ziemi. Teraz chciałbym wyjaśnić ci, jak możesz zrobić coś tak efektownego. W ubiegłym roku, jak już pewnie wiesz (choćby z początkowych kart tej książki), miałem okazję spotkać się z Robertem Lewandowskim i trenować razem z nim. Nagraliśmy wtedy trzy filmy, między innymi zaprezentowaliśmy w ciągu dwóch minut nasze najbardziej efektowne podbicia piłki z ziemi. Tyle że... tylko pokazaliśmy. Dziś czas, aby krok po kroku wytłumaczyć, jak to zrobić. Gwarantuję, że po kilku treningach opanujesz te podbicia. Gotowy? No to zaczynamy.

Najlepsze podbicia w wykonaniu Roberta Lewandowskiego

1 Podbicie z przeplotem piłki za nogą

Pociągnij piłkę podeszwą za siebie w linii prostej. Pochyl ciało do przodu i przemieść stopę za nogę. W lekkim podskoku podbij piłkę wewnętrzną częścią stopy, tak aby podskoczyła za drugą nogą. Przekręć lekko ciało i kontynuuj żonglerkę.

1

2

2 Podbicie z wbiciem do ziemi

Pociągnij piłkę podeszwą i szybko postaw stopę na ziemi. Podbij piłkę tak zwanym hakiem palcami i unieś nogę, tak aby stopa znalazła się na wysokości twoich pośladków. Uderz piłkę płaskim podbiciem do ziemi, a następnie powróć nogą do pozycji wyjściowej. Pozwól, żeby piłka przeskoczyła nad tobą, i kontynuuj kapki balonem.

3 Podbicie z jednoczesnym wykonaniem ATW

Podbicie wykonaj, poprzedzając je lekkim nabiegiem. Połóż stopę postawną delikatnie przed piłką, drugą zaś umieść pod nią pod kątem do podłoża. Unieś futbolówkę w powietrze płaskim podbiciem lub palcami i wykonaj pełny obrót dookoła niej. W trakcie triku możesz lekko podskoczyć i przesunąć się do przodu.

4 Rainbow flick

Nogę postawną umieść blisko piłki, tak aby ballON stykał się z wewnętrzną tylną częścią stopy. Drugą nogą przyciśnij piłkę do kostki. Podnieś stopę do góry, cały czas przyciskając piłkę do nogi, i rozluźnij uścisk, by móc wybić piłkę na wysokość kolana. W momencie podrzutu wykonaj lekki podskok i uderz piłkę piętą nogi, aby przeskoczyła nad tobą.

5 Wybicie piłki do ziemi

Przyciśnij piłkę nogą jak w przypadku triku rainbow flick. Pociągnij ją, aby wyskoczyła na wysokość około trzydziestu centymetrów nad ziemią. Uderz piłkę stopą do ziemi, aby raz się odbiła, i kontynuuj żonglerkę.

Najlepsze podbicia w wykonaniu Krzycha Golonki

1 Podbicie z wybiciem piętą

Pociągnij piłkę w linii prostej za siebie i szybko umieść nogę za piłką pod kątem 45 stopni. W momencie kontaktu z palcami postaw piętę na ziemi i tak zwanym hakiem wybij futbolówkę za sobą na wysokość kolana. Szybkim ruchem zmień nogę postawną i uderz piłkę środkiem pięty, aby przeskoczyła nad tobą, i kontynuuj żonglerkę.

2 Podbicie w krzyżaku

Umieść nogę postawną zewnętrzną częścią stopy do piłki. Zegnij nogę, a następnie pociągnij piłkę za nogą w linii prostej do tyłu. Wyprzedź futbolówkę i postaw stopę pod kątem 30 stopni w stosunku do ballON-a. Gdy piłka wtoczy się na wewnętrzną część, szybkim ruchem podnieś stopę do góry i podbij piłkę.

3 Podbicie z wbiciem piłki w podskoku

Przyjmij pozycję na jednej nodze, tak aby stopa nogi postawnej znajdowała się pod piłką. Wykonaj zamach drugą nogą do przodu i wyprostuj ją przed siebie. W tym samym czasie podskocz na jednej nodze do góry i wyprowadź piłkę w kierunku drugiej nogi. W trakcie powrotu nogą zamachową uderz z impetem piłkę stopą do ziemi i po jednym odbiciu kontynuuj żonglerkę.

4 Popcorn flick

Przeturlaj delikatnie piłkę stopą najpierw do przodu, potem do tyłu, pochylając swoje ciało.

Gdy piłka znajdzie się pod tułowiem, wyprostuj nogę i wyprzedź piłkę. Uderz piłkę palcami do góry w stylu klasycznego końskiego kopniaka. Wykończ uderzenie, uginając nogę w kolanie za sobą.

5 Podbicie dwiema piłkami

Umieść piłki równolegle do siebie, tak aby stykały się bokami. Stań w rozkroku ze stopami w pozycji odpowiadającej literze V i obejmij nimi piłki. Szybkim jednym podskokiem zmień ułożenie stóp z litery V na równoległe do siebie, jednocześnie podcinając piłki, które zderzą się ze sobą i wyskoczą w górę. Kontynuuj żonglerkę jedną piłką.

TRIKI

OPRACOWANE SPECJALNIE DLA TEJ KSIĄŻKI

1

KNEE FLICK UP

Trudność triku ★★★☆☆

Ćwiczenie

Przyjmij pozycję jak na rysunku, ręce rozłożone szeroko pomogą ci utrzymać równowagę. Noga postawna powinna przylegać całą stopą do ziemi, kolano unieś i staraj się zachować kąt prosty między łydką a udem. Twoim zadaniem jest jak najszybsze wyprostowanie nogi w kolanie, co spowoduje, że ballon zostanie wybity w górę na wysokość głowy. Pamiętaj, by trik wykonywać tylko w płaszczyźnie poziomej – nie wolno Ci podczas prostowania nogi podnosić jej ani opuszczać, bo wtedy piłka nie nabierze odpowiedniej siły wybicia.

2

1

SPIN BACK SHOT

Trudność triku ★★★★☆

Ćwiczenie

Ugnij mocno kolano i złap piłkę jak na zdjęciu. Rozłóż mocno ręce i przekręć swój tułów w kierunku piłki. Szybkim ruchem wyprostuj nogę, która przytrzymuje piłkę jednocześnie jeszcze bardziej, pochylając się bardziej do przodu. Taki ruch wykonany bardzo dynamicznie sprawi, że ballON wystrzeli jak z armaty!

2

1

Trudność triku ★★★★☆

BACK HEEL CATCH

Ćwiczenie

Umieść piłkę na swojej lepszej stopie, przyciskając ją do piszczela. Za pomocą haka, czyli szybkiego uniesienia nogi, wyrzuć ją w górę, tak by powędrowała za twoje plecy. Obserwuj piłkę do momentu, gdy znajdzie się za głową, a następnie szybko pochyl całe ciało do przodu, i staraj się przycisnąć piłkę piętą lub dolną częścią łydki do pośladków. Gdy złapiesz w ten sposób piłkę, wyprostuj swoją sylwetkę.

2

1

360 CATCH

Trudność triku ★★★★★

Ćwiczenie

Przyjmij pozycję siedzącą do żonglerki. Wybij piłkę do góry w bok, tak by powędrowała trochę nad Twoją głowę. Mocno odbij się od ziemi, a następnie w wyskoku przekręć całe swoje ciało w bok, jednocześnie łapiąc piłkę w kolana. Aby zachować odpowiednią wysokość i tempo, podpieraj się kolejno na lewej i prawe ręce, a następnie dokręć obrót, lądując delikatnie na tyłku.

2

#ARMIA KRZYCHA POZA BOISKIEM

TRENING MOTORYCZNY

Trenuj nie tylko z piłką

Człowieku, wiesz już, jak omijać i kiwać zawodników oraz strzelać wyśmienite gole.

Czego więcej ci trzeba? Musisz wiedzieć, że aby twoje umiejętności techniczne przynosiły tak efektywne i efektowne zagrania, jak tego oczekujesz, trzeba ci jeszcze popracować nad muskulaturą i kondycją. Czy w ogóle zastanawiałeś się kiedyś, jak rozwijać swoją piłkarską szybkość, siłę i wytrzymałość?

Pamiętaj, że podczas meczu, a więc prawdopodobnie przez dziewięćdziesiąt minut, musisz być mocno zaangażowany do ostatniego gwizdka i nie może zabraknąć ci tchu. Nie chcesz przecież zejść na ławkę rezerwowych w siedemdziesiątej minucie, tylko dlatego że nie wystarczyło ci sił i byłeś zbyt powolny. Sam, gdy byłem młody i nie miałem wystarczającej kondycji, nie wiedziałem, jak mogę temu zaradzić. Podchodziłem jednak do swoich treningów bardzo profesjonalnie i szukałem sposobu, by poprawić niektóre elementy wyszkolenia. Zauważyłem wtedy, że nawet najprostsze początkowe ćwiczenia czy nawet odpowiednie ułożenie ciała w trakcie biegu sprawiły, że stawałem się coraz szybszy. Na początku były to tylko ułamki sekund, które z czasem zamieniły się w cenne sekundy. Dzięki coraz lepszej kondycji mogłem dawać z siebie więcej na każdym treningu i być lepiej przygotowany przed najważniejszymi zawodami.

Postanowiłem połączyć swoje doświadczenie i własne metody treningowe z profesjonalną wiedzą trenera Andrzeja Kozubowskiego, który pracuje indywidualnie z piłkarzami pod kątem przygotowania motorycznego. W tym rozdziale chciałbym ci przedstawić proste, ale przynoszące efekty sposoby na ćwiczenie treningu ruchowego. Wybrałem tylko te ćwiczenia, które pozwolą ci kompleksowo zadbać o wydolność i pomogą ci stać się pełnowartościowym piłkarzem lub freestylerem.

Interesują nas trzy cechy dobrego piłkarza.
Musisz być: szybki, silny i wytrzymały.

Szybkość

Zadbajmy zatem o twoją szybkość, abyś mógł zostać piłkarskim... Usainem Boltem. Pamiętasz mój odcinek z Aubameyangiem? Jest on jednym z najszybszych piłkarzy Bundesligi. Nawet jego fryzura, która w biegu stawia dość duży opór, nie przeszkadza mu w osiąganiu zawrotnych prędkości. By kiedyś pędzić tak szybko jak Auba, musisz wiedzieć, że trening szybkości dzieli się na trzy elementy: technika, moc i skoczność.

Technika biegu

O co chodzi z techniką biegu? Jak w każdym biegu przede wszystkim musisz dobrze wystartować (przyśpieszenie), a potem jak ferrari osiągnąć swoją prędkość maksymalną. Nie możesz też zapomnieć o zwrotności. Musisz być również przygotowany do zmiany kierunku biegu, na przykład gdy piłka odbije się od słupka i poleci w drugą stronę.

Aby uzyskać możliwie najlepsze przyśpieszenie, podczas startu powinieneś skupić się na kilku ważnych elementach.

#Krzych radzi, jak przyśpieszać

Twoje ciało powinno być nachylone do podłoża pod kątem 45–60 stopni. Wysuwając do przodu prawą nogę, dla równowagi wysuwaj lewą rękę do góry – ćwicz tak na zmianę. Dłonie staraj się unosić na wysokość głowy. Podczas unoszenia stopy przed sobą twoje palce powinny być skierowane ku górze. Mocno wciskaj nogi w podłoże przy starcie. Kolana wyrzucaj mocno do góry i do przodu. Dynamicznie pracuj ramionami w przód i w tył.

Ćwiczenie Krzycha – przepchnij ścianę

Uwaga, będziesz przepychać ścianę. Oprzyj mocno dłonie o ścianę na wysokości barków, napnij brzuch. Twoje ciało (od środkowej części stopy aż do głowy) powinno znajdować się w jednej linii. Stań na palcach, a następnie unieś prawą nogę. Palce uniesionej nogi skieruj ku górze. Następnie staraj się dynamicznie zmieniać nogi, wytrzymując w górnej pozycji około dwóch sekund. Wykonaj trzy serie po pięć razy na nogę. Odpoczynek między seriami powinien wynosić około trzydziestu sekund. Zapamiętaj model ułożenia ciała w trakcie wykonywania ćwiczenia. Częstym błędem przy startach jest zbyt szybki wyprost ciała i zbyt niskie unoszenie kolan. To ćwiczenie pomoże poprawić ten element i zyskać cenne ułamki sekund.

Ćwiczenie Krzycha – wyjście z kolana

Uklęknij na prawym kolanie, oprzyj stopę na palcach, prawą rękę wysuń do przodu, lewą cofnij do tyłu, jak u sprintera. Gotów do startu? Teraz oderwij lewe kolano od ziemi na minimalną wysokość i pozostań w tej pozycji trzy sekundy. Następnie podnieś kolano wyżej, wbij mocno przednią nogę w podłoże, jednocześnie pochylając się do przodu, wytrzymaj w tej pozycji dwie sekundy i mocno wystartuj przed siebie. Skup się na elementach, takich jak: dynamiczne pierwsze kroki, wysokie unoszenia kolan i bardzo mocna praca rąk.

Wykonaj pięć takich próbnych startów na każdą z nóg, przebiegając po starcie około pięciu metrów. Odpoczywaj między seriami około trzydziestu sekund. To ćwiczenie pozwoli poprawić przyśpieszenie podczas pokonywania pierwszych metrów biegu.

Ćwiczenie Krzycha – klasyczne starty

Potrzebujesz dwudziestu metrów równej przestrzeni. Ustaw dwa znaczniki dla wyznaczenia miejsca startu i mety. Startujesz z pozycji stojącej, pamiętając o wszystkich wcześniej opisanych zasadach i technikach przyśpieszenia (a najlepiej mając je już w pełni przyswojone). Wykonaj dwie serie po pięć startów. Przerwa między startami powinna wynosić od jednej do dwóch minut, a między seriami cztery minuty. To ćwiczenie służy wypracowaniu pełnej formy techniki biegowej w postaci przyśpieszenia, abyś już na starcie pozostawiał przeciwników za sobą.

#Krzych radzi – prędkość maksymalna

Po twoim wybuchowym starcie musisz skupić się na jak najdłuższym utrzymywaniu prędkości maksymalnej w biegu. Powinieneś ułożyć ciało, tak jak pokazano na zdjęciu. Nie pochylaj się już do przodu tak mocno jak w fazie startu.

Palce stóp trzymaj skierowane do góry. Piętę prowadź dynamicznie do pośladka. Pomagaj sobie dłońmi, dynamicznie nimi pracując i unosząc je do wysokości oczu. Staraj się podnosić udo wysoko, tak aby znajdowało się w linii prostej do podłoża. Spraw, żeby kolano... patrzyło przed siebie (gdyby miało oczy). ☺ W trakcie biegu piszczel powinien być ułożony prostopadle do podłoża.

Ćwiczenie Krzycha – utrzymywanie maksymalnego tempa

W tym ćwiczeniu będziesz trenować bieg na czterdziestometrowym odcinku (około czterdziestu pięciu długich kroków, jeśli akurat nie masz z sobą przyrządu do dokonania dokładnego pomiaru). Skup się w nim na tym, byś uzyskał swoją prędkość maksymalną, a następnie starał się jak najdłużej ją utrzymać. Pamiętaj o technice ułożenia ciała w trakcie biegu i wykonaj pięć startów, odpoczywając między nimi około trzech minut. Wracaj na miejsce startu, idąc rozluźnionym. Nie zapominaj o pięcie prowadzonej dynamicznie w kierunku pośladków i mocnej pracy rąk. To ćwiczenie pomoże ci stać się piłkarskim sprinterem.

#Krzych radzi – dynamiczna zmiana kierunku biegu

Szybkość, nad którą pracowałeś, jest ważna, ale sama – bez odpowiedniej zwrotności i koordynacji ruchów – w piłce nożnej nie przyniesie zamierzonego efektu. Nigdy nie jesteś w stanie przewidzieć, dokąd poleci piłka, i zawsze musisz być gotowy na zmianę kierunku biegu w pogoni za futbolówką.

Ćwiczenie Krzycha – zygzak Krzycha

Czas na zygzak Krzycha. Rozstaw pięć znaczników (jak na obrazku): dwa razy po pięć metrów i dwa razy po dziesięć. Twoim zadaniem jest – wykorzystując poznane techniki startu i utrzymywania prędkości maksymalnej – pędzić ile sił od pachołka do pachołka. Wiem, że ten opis brzmi banalnie, ale właśnie takie ćwiczenie wykonują najlepsi piłkarze świata, między innymi Cristiano Ronaldo (możesz zerknąć na YouTube'a, gdzie jest pokazane jego wykonanie). Staraj się wykonywać zwroty bardzo blisko znaczników, hamuj przy nich i natychmiast startuj do kolejnego. Nie obiegaj ich przy pełnej szybkości.

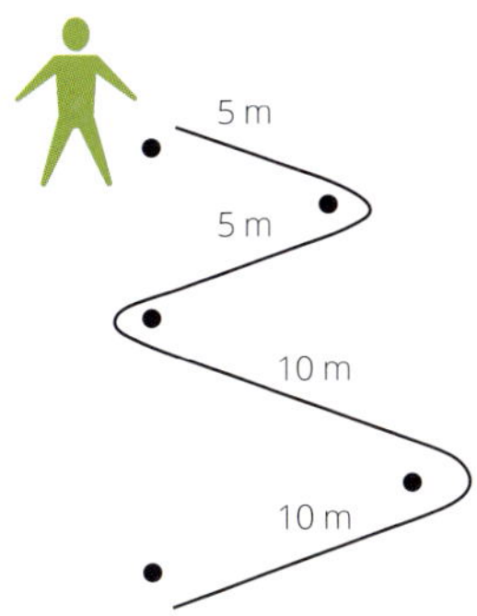

Przedstawiłem swoje sposoby na poprawę poszczególnych elementów biegu. Teraz czas wszystkie te elementy skompilować w jedno ćwiczenie, które wydatnie poprawi twoją szybkość.

Ćwiczenie, które poprawi szybkość

Potrzebnych ci będzie sześć znaczników (rozmieść je tak jak pokazano na obrazku).

Faza I – start z wyhamowaniem (dziesięć metrów)

Faza II – bieg tyłem z obserwowaniem otoczenia (pięć metrów)

Faza III i **IV** – start z wyhamowaniem i zmianą kierunku (pięć metrów)

Faza V – uzyskanie prędkości maksymalnej (piętnaście metrów)

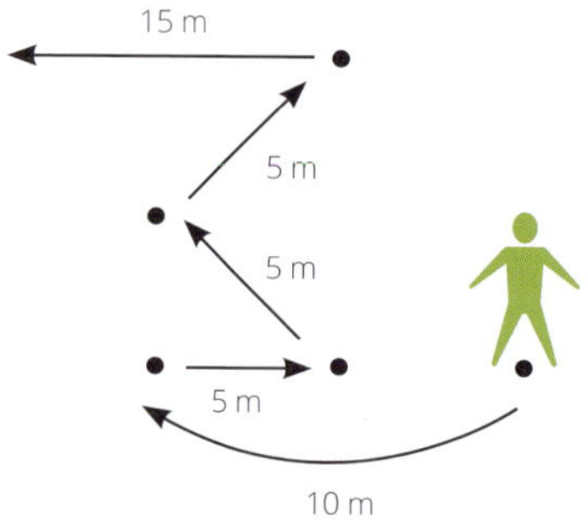

To ćwiczenie powtórz pięć razy, odpoczywaj między startami około trzech minut. Zapisz datę i zanotuj uzyskane czasy, gdy po raz pierwszy wykonasz to ćwiczenie.

Moc biegu Krzycha

Człowieku, pewnie zastanawiasz się teraz, co to moc biegu i po co ci ona? Moc biegu, mówiąc najprościej, to połączenie szybkości i siły – niech moc będzie z tobą, chciałoby się powiedzieć. Skoro uzyskujesz już swoje maksymalne prędkości dzięki perfekcyjnej technice z poprzednich ćwiczeń, czas na prawdziwą petardę, która pozwoli ci poprawić twoje wyniki.

Ćwiczenie Krzycha – przepchnij człowieka

Przedtem siłowałeś się ze ścianą. Do tego ćwiczenia potrzebny ci będzie drugi człowiek – najlepiej kolega o podobnych warunkach fizycznych. Stańcie naprzeciwko siebie.

Oprzyj ręce na barkach kolegi. Twoim zadaniem jest przepchnięcie kolegi, tak jak przy ćwiczeniu ze ścianą, z tym że kolega delikatnie porusza się do tyłu, stawiając ci cały czas opór. Po przejściu około pięciu metrów kolega przestaje stawiać opór, a ty startujesz do biegu, dając z siebie wszystko. Pamiętaj o przyjęciu pozycji na palcach oraz odpowiednim unoszeniu kolan. Ćwiczenie staraj się powtórzyć pięć razy.

2

Ćwiczenie Krzycha – zaprzęg mocy

Tu najlepiej sprawdza się guma lub lina oporowa. Twój kompan staje za tobą, obejmując cię gumą na wysokości bioder. Twoim zadaniem jest wykonanie trzydziestometrowego sprintu, podczas którego twój kolega będzie za pomocą liny próbował stwarzać delikatny opór. Zadanie powtórz pięć razy, pamiętając o przerwie około trzyminutowej i utrzymywaniu nienagannej techniki biegowej.

Ćwiczenia zaproponowane w tym podrozdziale dodadzą ci mocy podczas fazy przyśpieszenia (przepchnij człowieka) oraz fazy prędkości maksymalnej (zaprzęg mocy).

Skoczność

Kolejnym istotnym elementem wyszkolenia jest skoczność. Ma ona znaczny wpływ na przyśpieszenie i utrzymywanie prędkości maksymalnej. Przy starcie twoja stopa dynamicznie wbijana w ziemię napędza cię. Gdy już pędzisz na maksymalnych obrotach, stopy mają już bardzo krótki kontakt z podłożem – powinieneś właściwie latać. Doskonale wiedzą o tym najszybsi piłkarze. Gdy osiągają swoją maksymalną prędkość, kontakt ich stopy z ziemią trwa właściwie ułamki sekund, dosłownie mrugnięcie oka.

Mam dla ciebie dwa ćwiczenia na poprawę twojej skoczności:

Ćwiczenie Krzycha – narciarski wyskok

Przyjmij pozycję wyjściową: nogi rozstaw na szerokość bioder, stopy trzymaj równolegle do siebie. Ugnij lekko kolana i cofnij biodra, tak jakbyś zjeżdżał z progu skoczni narciarskiej, schodząc do półprzysiadu. Pochyl się do przodu,

1

pozostawiając za sobą lekko ugięte ramiona. Wyskocz pionowo do góry, dynamicznie pracując rękami i unosząc je przed siebie. Ćwiczenie powtórz w czterech seriach po pięć wyskoków: dwie na równej przestrzeni, a dwie wyskakując na przykład na murek.

Ćwiczenie Krzycha – piłkarska drabina

Rozłóż przed sobą pięć znaczników, każdy w odległości około pięćdziesięciu centymetrów. Możesz do tego użyć drabinki kondygnacyjnej. Twoim zadaniem jest wykonanie pięciu wyskoków, tak aby kontakt stopy z podłożem trwał jak najkrócej. W przypadku tego ćwiczenia nie musisz już schodzić ciałem tak nisko jak przy poprzednim narciarskim wyskoku. Staraj się natomiast wybijać natychmiast z palców (śródstopia).

Siła

Wiemy już, jak uczynić cię szybkim. Czas najwyższy popracować nad siłą. Jeśli masz w planach podbicie polskich lig, musisz wiedzieć, że tutaj gra się dość agresywnie. Taki już po prostu jest charakter (a dla niektórych urok) tej gry. Można się jedynie pocieszać, że na przykład w lidze angielskiej (ale nie tylko w niej) siła również odgrywa zasadniczą rolę. W moim planie treningowym podzieliłem ćwiczenia na trzy części: górna część ciała, tułów i dolna część ciała.

Pamiętaj o tym, że przy takich treningach bardzo ważne jest opanowanie nienagannej techniki. Zawsze wykonuj ćwiczenia najpierw na sucho (bez obciążenia), dopiero potem – bardzo stopniowo – kiedy będziesz gotów, powoli dokładaj ciężar. Jeśli nie popracujesz nad techniką, będziesz popełniał błędy. Sprawią one, że twój trening nie będzie dawał efektów, a tego Krzych nie chce i jak sądzę, ty również nie tego oczekujesz.

Zaczynamy od dolnej części ciała. Poniżej przedstawiam najważniejsze informacje i zasady wykonywania ćwiczeń, które musisz znać, aby twoje treningi piłkarsko-siłowe przyniosły zamierzony efekt.

DOLNA CZĘŚĆ CIAŁA

Przysiad

Twoje stopy powinny znajdować się na szerokości bioder w delikatnej rotacji na zewnątrz. Wyprostuj plecy i unieś ręce przed siebie. Patrz przed siebie, a następnie zejdź w dół, cofając biodra, tak aby twoje pośladki znalazły się poniżej linii kolan. Trzymaj kolana w linii stóp, nie pozwól im się wyginać na różne strony. Wykonaj wdech, kiedy schodzisz w dół, a wydech, kiedy wracasz do pozycji wyjściowej.

Wykrok

Przyjmij pozycję wyprostowaną (ściągnięte łopatki, napięty brzuch, ręce wzdłuż ciała). Wykonaj prawą nogą krok do przodu. Zejdź w dół, uginając prawą nogę pod kątem dziewięćdziesięciu stopni. Nie kładź lewego kolana na podłodze (minimalnie unoś je nad ziemią). Ciężar ciała pozostaw na całej prawej stopie. Kolano prawej nogi nie może wychodzić poza linię palców. Wykonaj wdech, kiedy schodzisz w dół, a wydech, kiedy wracasz do pozycji wyjściowej. Po powrocie do pozycji wyjściowej zmień nogę.

Martwy ciąg z minimalnym obciążeniem

Do tego ćwiczenia możesz wykorzystać na przykład butelkę wody, lekkiego kettla lub sztangę (to propozycja dla bardziej zaawansowanych). Ułóż stopy równolegle do siebie na szerokość barków w wyprostowanej pozycji. Schodzisz w dół po obciążenie przy prostych plecach, ze ściągniętymi łopatkami. Głowa znajduje się w linii tułowia. Nie garbiąc się, unosisz ciężar z ziemi do wyprostu kolan i bioder. Ćwiczenie kończysz, gdy nogi i plecy zostaną wyprostowane do końca. Pamiętaj o utrzymywaniu prostych pleców w trakcie wykonywania całego ćwiczenia (uważaj aby nie robić kociego grzbietu).

1

2

Przysiad bułgarski

Przyjmij pozycję: prawa noga z przodu w wykroku, lewa noga z tyłu na podwyższeniu (krzesło, ławka). Plecy powinny być proste, głowa na przedłużeniu kręgosłupa. Patrzysz przed siebie. Ciężar ciała przenosisz na przednią nogę (prawą). Robisz zejście minimalnie nad ziemię. Wykonaj wdech, kiedy schodzisz w dół, a wydech, kiedy wracasz do pozycji wyjściowej. Zachowuj równowagę i wróć do pozycji wyjściowej.

GÓRNA CZĘŚĆ CIAŁA

Pompki

Przyjmij pozycję wyjściową: podparcie przodem, ciało w jednej linii, brzuch napięty. Dłonie skierowane palcami do góry na szerokość barków. Stopy ułożone równolegle do siebie, rozstawione na szerokość bioder. Ugnij ramiona, stopniowo schodząc całym ciałem do podłoża. Staraj się zejść maksymalnie nisko, tak aby odległość od ziemi wyniosła centymetr. Wydychaj powietrze, wracając do pozycji wyjściowej.

Wyciskanie na głowę małego ciężaru

Przyjmij pozycję wyjściową: stopy rozstawione na szerokość barków, plecy proste, brzuch napięty, stabilna pozycja. Chwytasz ciężar w dłonie, mocno go zaciskając (na początek mogą to być butelki wody). Przenosisz obciążenie nad głowę, prostując ramiona do góry. Opuszczasz obciążenie do wysokości ust. Wyciskając, wydychaj powietrze.

Podciąganie na drążku

Chwyć drążek rękami ułożonymi nieco szerzej niż twoje barki. Zaciśnij dłonie. Zejdź do pełnego zwisu. Podciągnięcie wykonuj płynnie, bez szarpnięć i bujania się. Wykonaj wdech, kiedy schodzisz w dół, a wydech na górze.

TUŁÓW / CORE (STABILNOŚĆ TUŁOWIA)

Plank przodem

Przyjmij pozycję jak do pompki, tylko zamiast opierać ciało na dłoniach, oprzyj je na przedramionach. Łokcie powinny znajdować się pod barkami. Twoim zadaniem jest wykonanie klasycznej deski (ciało pozosta-

je w jednej linii). Napnij brzuch, pośladki i górną część ciała. W takiej pozycji staraj się wytrzymać około dwudziestu sekund. Gdy poczujesz ból w dolnej części pleców, jest to oznaka, że twoje ciało nie znajduje się w linii prostej – popraw pozycję natychmiast.

Plank bokiem

Oprzyj się na przedramieniu, tak aby przestrzeń między podłożem a twoim ciałem tworzyła trójkąt. Łokieć powinien się znajdować dokładnie pod barkiem, ciało w jednej linii, głowa na przedłużeniu tułowia. Druga ręka wyprostowana pod kątem dziewięćdziesięciu stopni do tułowia. Stopa na stopie. W tej pozycji staraj się wytrzymać przynajmniej kilkanaście sekund.

Brzuszki

Połóż się na wznak, ręce ułóż za głową, zegnij kolana, podeszwami stóp dotykaj podłoża. Wykonaj skłon w kierunku kolan poprzez napięcie mięśni brzucha. Nie próbuj pomagać sobie, ciągnąc głowę rękoma. Wydech wykonuj pod czas skłonu.

Ćwiczenia zaproponowane w tym podrozdziale pomogą rozwinąć twoją siłę. Są bezpieczne dla każdego bez względu na wiek. Gdy opanujesz technikę ich wykonywania, będziesz mógł stopniowo zwiększać obciążenia i przejść do bardziej złożonych ćwiczeń, takich jak przysiad i martwy ciąg ze sztangą, które są bardzo popularne wśród zawodowych piłkarzy.

Wytrzymałość

Pamiętacie rajd Bale'a przeciwko Barcelonie w osiemdziesiątej czwartej minucie meczu? Oto świetny przykład idealnego połączenia wytrzymałości z szybkością. To właśnie ta szarża zdecydowała o zwycięstwie nad Katalończykami i zdobyciu Pucharu Króla. Gdy innym zawodnikom brakowało już siły, Bale wykorzystał ostatnie jej pokłady i swoim biegiem przyczynił się do przesądzenia o wyniku meczu. Chciałbym, żebyś i ty popracował nad swoją wytrzymałością, abyś jak Bale mógł w przyszłości podrywać swoją drużynę do gry w ostatnich minutach meczu i dawać jej szansę na zwycięstwo.

Profesjonalny trening piłkarski dzieli się na trening tlenowy i beztlenowy. Trening tlenowy pozwala zmniejszyć wpływ zmęczenia na grę, kiedy brakuje już sił i zmęczenie coraz bardziej daje o sobie znać. Trening beztlenowy polega na poprawie twoich sprintów, zmian kierunku biegu, odbierania piłki i strzałów.

Zacznijmy więc od tego pierwszego. Profesjonalni piłkarze przebiegają średnio około dziesięciu kilometrów w trakcie spotkania i ty też będziesz mógł dojść do tego poziomu.

Trening wytrzymałościowy wiąże się z odpowiednią intensywnością wysiłku, za którą odpowiada serce, a dokładniej: to, jak często ono bije. Schemat pracy serca jest dość prosty. Tętno zależne od bicia serca osiąga pewną potencjalną maksymalną wartość różną u poszczególnych osób. Jednak dla wszystkich charakterystyczne jest to, że gdy intensywność treningu jest lekka lub średnia, tętno powinno osiągać poziom 70–80 procent jego maksymalnej wartości. Gdy trening jest intensywny i dajemy z siebie dużo, tętno zwykle osiąga pułap 90 procent. Twoim celem jest zwiększenie intensywności wysiłku bez zmiany powyższych parametrów (wartości procentowych).

Czas zatem przedstawić moje ćwiczenie na wytrzymałość tlenową.

Ćwiczenie Krzycha – orlikowa rundka

Możesz wykorzystać cały orlik, na którym trenujesz. Zaczynasz bieg od środka koła i biegniesz w szybkim tempie (jak na obrazku). Ćwiczenie można wykonywać na zmianę: jednego dnia z piłką, a kolejnego bez niej. Po każdej rundzie odpoczywaj około dwóch minut. Liczba rund powinna wynieść około pięciu na trening.

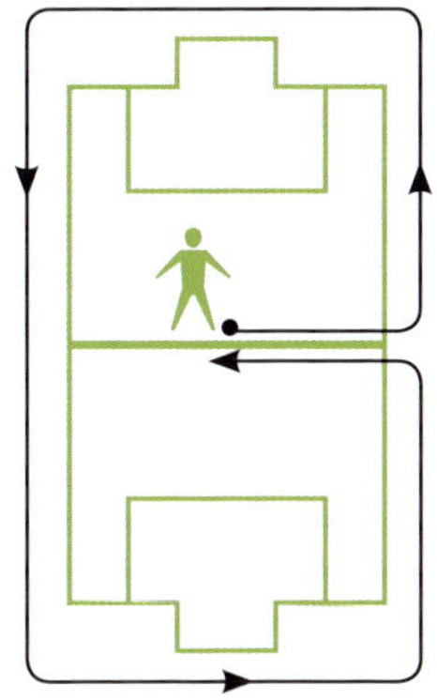

Aby mieć kondycję jak Bale, musisz zadbać także o trening beztlenowy. Mówiąc najprościej: o wysiłek natychmiastowy (jak starty przy maksymalnej prędkości trwające do kilku sekund) i wysiłek krótki i średni (taki, który trwa od trzydziestu do dziewięćdziesięciu sekund).

Ćwiczenie Krzycha na wysiłek natychmiastowy

Tutaj doskonale sprawdza się klasyczny sprint, znany ci z treningu szybkości. Wykonuj go na dystansie od trzydziestu do sześćdziesięciu metrów, pamiętając, żeby każdorazowo dać z siebie wszystko. W tym przypadku staraj się odpoczywać pięć razy dłużej, niż trwał sam bieg, czyli gdy dany odcinek pokonasz w dziesięć sekund, to czas odpoczynku wyniesie około pięćdziesięciu sekund.

Ćwiczenie Krzycha na wysiłek krótki i średni

Możesz wykorzystać cały orlik, na którym trenujesz, całą jego długość. Biegnij kolejno do szesnastki, połowy i końca boiska, każdorazowo wracając na start. Schemat przedstawiono na rysunku. Twój odpoczynek powinien trwać tyle samo co bieg. Ćwiczenie możesz powtórzyć również, prowadząc piłkę. Pamiętaj jednak, że każde ćwiczenie starasz się wykonać właściwie z maksymalną aktualnie możliwą prędkością.

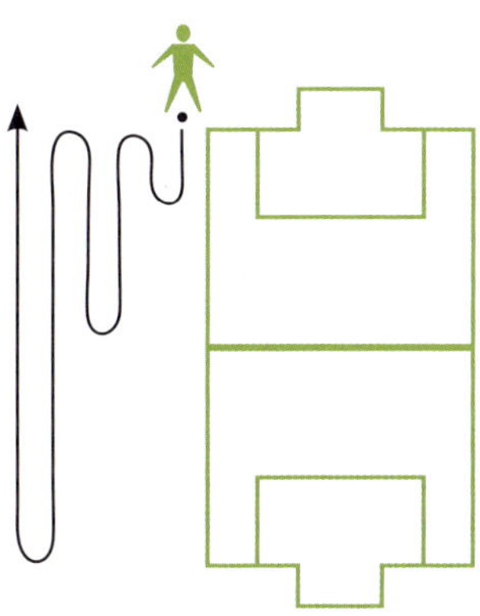

#TRENUJ zKRZYCHEM

KRZYCH RADZI

CO JEŚĆ I JAK ODPOCZYWAĆ

Odkąd pamiętam, zawsze byłem szczupły, a nawet bardzo szczupły.

W genach, prawdopodobnie po dziadku, najwidoczniej było zapisane: damy ci wzrost, ale o swoją wagę będziesz musiał zadbać sam... Niestety, nie wziąłem sobie tego do serca. Jadłem tylko wtedy, kiedy musiałem. Całkowicie pochłaniały mnie treningi i ćwiczenia i początkowo nie myślałem o niczym innym poza nimi.

Pamiętam dzień, który trochę odmienił moje spojrzenie na kwestie żywienia. Były wakacje, miałem około piętnastu lat. Zaspałem na trening, który miał się odbyć o godzinie dziewiątej. Nie zjadłszy śniadania, wybiegłem szybko z domu, żeby zdążyć na bus do Nowego Sącza, jako że trenowałem wówczas w Sandecji. Półtoragodzinne zajęcia po prostu jakoś mi przeleciały, brakowało mi koncentracji, myślami byłem zupełnie gdzie indziej. Gdy już szedłem się przebierać, zauważyłem samochód rodziców zaparkowany za bramą. Tata był akurat w okolicy przejazdem, więc postanowił zaczekać i zabrać mnie do domu. Rodzice zawsze mi kibicowali i kibicują nadal, jednak nigdy nie wywierali na mnie presji. Tamtego dnia jednak tata zapytał mnie, czy zawsze tak stoję w miejscu i czekam na piłkę. I dodał: „Przecież przez dziesięć minut dotknąłeś ją może ze dwa razy...".

Wtedy dotarło do mnie, że ów trening zupełnie nie miał sensu. Mnie tam po prostu nie było! Nie było tam osoby, która obiecała sobie, że zawsze będzie dawać z siebie wszystko. Co by było, gdyby wtedy zamiast mojego taty obserwował mnie trener młodzieżowej reprezentacji?! Poprzez brak odpowiedniego przygotowania przedtreningowego zmarnowałbym swoją szansę!

Od tamtego dnia staram się zwracać szczególną uwagę na to, co i kiedy jem. Ma to szalenie duży wpływ na wydajność organizmu i efektywność treningu. Przyznam, że wiele czasu zajęło mi wypracowanie nawyku spożywania posiłków odpowiednio często i ustalenie optymalnej diety. Jednak nie był to czas zmarnowany i wiem, że mój wysiłek nie poszedł na marne, bo dzięki temu teraz mam dużo więcej energii, aby dawać z siebie wszystko.

To tytułem wstępu. Teraz z bardziej naukowego punktu widzenia postaram się wam pokrótce przedstawić, jak ważne są zarówno przestrzeganie zasad zdrowego, racjonalnego żywienia i dbanie o swoją dietę każdego dnia, jak regeneracja.

Na sukces piłkarza składa się wiele czynników. Jednym z nich jest mająca ogromne znaczenie dla profesjonalnego futbolu dieta, zdrowa i zróżnicowana, niezbędna do prawidłowego funkcjonowania organizmu. Podstawowa wiedza z zakresu żywienia pozwoli na utrzymanie optymalnej masy ciała, a jej zastosowanie bez wątpienia wpłynie na stan zdrowia i dobrą formę młodych sportowców.

Zdrowe odżywianie polega przede wszystkim na dostarczaniu organizmowi takiej ilości energii, aby ten mógł prawidłowo funkcjonować. Zapotrzebowanie na energię zależy oczywiście od wieku, płci, stanu zdrowia i tego, jak często uprawiamy sport. Nauczenie się i przyswojenie sobie zasad zdrowego odżywiania pozwoli zapobiegać niedoborom żywieniowym, będzie sprzyjać zachowaniu dobrego samopoczucia.

A OTO NAJWAŻNIEJSZE WYTYCZNE DOTYCZĄCE DIETY MŁODEGO PIŁKARZA I FREESTYLERA

- Odpowiednie nawodnienie – w ciągu dnia wypijaj przynajmniej dwa litry wody, nie zapominaj oczywiście o odpowiednim nawodnieniu na każdym treningu.
- Każdy posiłek powinien zawierać białka, węglowodany i tłuszcze.
- Ważna jest liczba i regularność spożywanych posiłków – powinieneś jeść pięć zbilansowanych posiłków co dwie, trzy godziny.
- Zawsze jedz śniadanie – to najważniejszy posiłek dnia!
- Owoce i warzywa powinny znajdować się w każdym posiłku.
- Dbaj o różnorodność spożywanych produktów.
- Ostatni, lekki posiłek powinieneś zjeść na dwie, trzy godziny przed snem.
- Unikaj tłustych i ciężkich potraw oraz słodyczy.
- Jeszcze tylko wspomnę, że przy pięciu zaplanowanych posiłkach rozkład wartości energetycznej powinien wyglądać następująco:

• pierwsze śniadanie 25–30% • drugie śniadanie 5–10% •
• obiad 30–35% • podwieczorek 5–10% • kolacja 15–20% •

ZASADY ZDROWEGO ODŻYWIANIA NAJLEPIEJ POKAZUJE OPRACOWANA PRZEZ SPECJALISTÓW PIRAMIDA ŻYWIENIOWA.

Znajdujemy tu przedstawione graficznie kategorie składników odżywczych, które w odpowiednich proporcjach powinny znajdować się w diecie. Wskazuje też grupy produktów, które należy spożywać, i jakie trzeba ograniczyć.

1. Najważniejszym elementem zdrowego stylu życia (i zdrowego odżywiania) jest aktywność fizyczna. Specjaliści zwrócili szczególną uwagę na ruch, który wspomaga trawienie i umożliwia spalanie nadmiaru kalorii, tak by nie odkładały się w tkance tłuszczowej.

   Dlatego – jak już wcześniej wspominałem – ćwiczyć należy systematycznie, najlepiej każdego dnia.

2. Kolejny poziom piramidy to produkty zbożowe i zdrowe oleje. Głównym źródłem energii powinny być węglowodany. Znajdują się one w produktach pełnoziarnistych (które dostarczają też potrzebnego białka roślinnego, witaminę B i witaminę E, miedź i magnez).

   Umieszczono tu także tłuszcze nienasycone zawarte w olejach roślinnych, które są bogate w kwasy omega (wspomagają one pracę mózgu oraz pomagają w redukcji tkanki tłuszczowej).

3. Kolejną warstwę piramidy stanowią warzywa i owoce. Są one źródłem witamin, minerałów i węglowodanów złożonych. Powinny być składnikiem każdego posiłku.

4. Następny poziom to orzechy i produkty strączkowe. Znajduje się w nich wysokiej jakości białko, które jest budulcem kości, oraz cenne witaminy A, D i E.

5. Piąty poziom to rośliny strączkowe, ryby, drób i jajka. Ryby dostarczają kwasów omega-3, jajka są źródłem aminokwasów, witaminy B12 i kwasu foliowego. Drób zaś charakteryzuje się dużą zawartością białka przy – jednocześnie – niskim poziomie cholesterolu.

6. Kolejne piętro stanowią nabiał oraz suplementy wapnia. Dostarczają one wapnia, witamin oraz składników mineralnych: magnezu, potasu i cynku. Pamiętaj jednak, aby produkty mleczne spożywać z umiarem ze względu na zawartość nasyconych kwasów tłuszczowych i możliwe problemy z trawieniem.

7. Na szczycie piramidy znajdują się produkty, których należy unikać: czerwone mięso, jasne pieczywo, słodycze i jedzenie z fastfoodu.

Regularne spożywanie odpowiednich składników odżywczych dostarczających organizmowi optymalnej ilości energii pozwoli na odbywanie codziennych treningów.

Ale dość już tej teorii! Czas przejść do praktyki. W oparciu o zdobyte informacje (wiedzę) spróbujesz skomponować zdrową zbilansowaną dietę, przykładowy jadłospis... Tymczasem przedstawię jadłospis Krzycha.

Śniadanie

Uwielbiam (i mój organizm też), gdy jest ono bogate w węglowodany (na przykład ciemne gruboziarniste pieczywo, płatki owsiane) oraz białko (mleko, jajka, biały ser). Najprostsza kombinacja dla każdego to: płatki owsiane zalane mlekiem z dodatkiem orzechów i bakalii. Pamiętaj jednak, żeby urozmaicać posiłki i unikać powtarzania ciągle tych samych kombinacji.

Drugie śniadanie

Zazwyczaj jest dużo lżejsze niż pierwsze. Składa się z kilku kanapek ciemnoziarnistego pieczywa i chudej szynki (cóż, moje nazwisko zobowiązuje), opcjonalnie z jabłka albo banana podanego z jogurtem naturalnym.

Obiad

Tutaj klasyka w postaci kurczaka bądź ryby, ryżu lub makaronu gotowanego *al dente* no i oczywiście warzyw – najlepiej gotowanych na parze.

Podwieczorek

Preferuję wersję na słodko: jogurt naturalny z owocami.

Kolacja

Najczęściej jest to posiłek po zakończonym treningu. Sprawdzają się wtedy potrawy takie jak makaron z twarogiem czy ryż z owocami. Pamiętaj, aby dobierać produkty lekkostrawne. Unikaj słodyczy i napojów słodzonych, które nie tylko są szkodliwe dla zdrowia, ale także osłabiają twój apetyt.

Dodatkowo w ciągu dnia piję koktajle, najczęściej bananowo-kokosowy, jako że szybko się go przygotowuje.

• 3 banany • 1,5 szklanki mleka o zawartości tłuszczu 0,5% •
• 4 łyżki mleka kokosowego • sok z połowy cytryny •

Wszystko miksuję – i petarda energetyczna gotowa!

Regeneracja

Intensywny trening czy rozegranie meczu wymaga bardzo intensywnej pracy całego organizmu. Tak duży wysiłek fizyczny oczywiście wpływa na ciało, które potrzebuje odpoczynku i regeneracji. Zdarza się, że w jednym tygodniu piłkarze rozgrywają dwa spotkania, a mimo to muszą być doskonale przygotowani do każdego meczu. Wiadomo, że kluby takie jak Real Madryt zatrudniają lekarzy, którzy dysponują odpowiednią naukową aparaturą, ale każdy z nas, zwracając uwagę na opisane poniżej elementy postępowania, może również zadbać o to sam. W tym krótkim rozdziale przedstawię moje sposoby, dzięki którym najszybciej można stanąć na nogi i dalej móc intensywnie trenować.

Nawodnienie

Uzupełnienie płynów podczas treningu i bezpośrednio po nim jest szalenie ważne. Dlaczego? Ludzkie ciało składa się głównie z wody. Jest ona niezbędna do prawidłowego przebiegu procesów przemiany materii i bierze czynny udział w oczyszczaniu organizmu z toksyn. Każdego dnia należy wypić co najmniej dwa litry płynów, najlepiej właśnie w postaci wody. Wyobraź sobie, że gdy poziom nawodnienia w organizmie obniża się o jeden procent, krew robi się gęstsza i utrudnia krążenie. Gdy nawodnienie zmniejsza się o dwa procent, pojawia się już uczucie pragnienia, a twoja wydolność słabnie nawet o 20%. Gdy zasoby wody w ustroju zmniejszają się o trzy procent, stan organizmu określa się jako krytyczny, mogą się pojawiać skurcze mięśni czy hipotermia. Staraj się zawsze o tym pamiętać i regularnie pić wodę, czystą wodę... A nie napoje jak kawa, herbata czy inne zawierające kofeinę, które docelowo doprowadzają do odwodnienia.

Sen

Jakość oraz długość snu mają znaczący wpływ na wyniki sportowe. Właśnie podczas snu uwalniany jest hormon wzrostu, który wpływa na rozrost, odbudowę mięśni i prawidłową regenerację organizmu. Pewnie wiesz, że zapotrzebowanie na sen zależy od wieku. Dzieci w wieku 6–13 lat powinny sypiać 9–11 godzin, młodzież w wieku 14–17 lat 8–10 godzin, 18-latkom i starszym wystarczy 7 godzin snu. Często piłkarze jeszcze w ciągu dnia bywają zachęcani do 20-minutowej (nie dłuższej) drzemki w godzinach 14.00–16.00.

Aktywna regeneracja

Jogging, rower lub basen! Tak zwane klasyczne rozbieganie często stosuje się bezpośrednio po meczu, bo pozwala ono znacznie ograniczyć odczuwanie bólu mięśni dolnych partii ciała. Zwykle bieg czy raczej trucht trwa po prostu dziesięć minut. W przypadku pływania oraz ćwiczeń w basenie dzięki otaczającej wodzie ćwiczymy bez nadmiernego obciążania stawów i mięśni.

Rozciąganie

Prawidłowe rozciąganie powinno trwać kilkanaście minut. Wystarczą dwa ćwiczenia na daną partię ciała. Wykonuj ćwiczenia na wszystkie partie. Wszak w trakcie meczu czy treningu pracuje całe twoje ciało, a nie tylko ta jego część, która na koniec treningu daje ci się najbardziej we znaki.

Kąpiel/Natrysk

Tak jest! Na zmianę zimna, ciepła, zimna, ciepła... a nawet więcej zimnej. Taki natrysk pozwoli po meczu osłabić odczuwanie bólu, zmniejszyć stan zapalny i obrzęki oraz ogólne napięcie mięśniowe. Ponadto poprawi się krążenie krwi w całym twoim organizmie.

Jeśli chcesz jak najszybciej powrócić do możliwie najwyższej formy, staraj się pamiętać o tym, co przeczytałeś, i odpowiedzialnie podchodzić do zaproponowanych przeze mnie sposobów. Faza regeneracji jest nieodłącznym elementem treningu każdego sportowca profesjonalisty, a przedstawione metody nie wymagają od ciebie ani dodatkowych nakładów finansowych, ani sprzętu medycznego.

ball ON
TURBO
FREESTYLER

PIŁKARSKI
YOUTUBE

Mam już swoje lata, podejrzewam, że jestem trochę starszy od ciebie...

Pewnie trudno ci to sobie wyobrazić, ale moje dzieciństwo i młodość przypadły na czasy, gdy jeszcze nie było YouTube'a. Tak, serio tak, nie żartuję! Według mnie moment powstania YouTube'a stanowi swego rodzaju cezurę; erę internetu w ogóle można by podzielić na dwie epoki: tę sprzed YouTube'a i tę po jego uruchomieniu, w której aktualnie żyjemy...

A mimo to cały czas jeśli chodzi o piłkę nożną, kanałów *stricte* sportowych jest jak na lekarstwo. Mój założyłem bez żadnych ambicji bardzo dawno temu, bo w 2007 roku. Chciałem mieć swoje miejsce, gdzie od czasu do czasu mogę wrzucić albo jakąś pamiątkę z wakacji, albo dobry film *freestyle*'owy, który być może ktoś zechce obejrzeć. Założyłem ów kanał i w ogóle nie śledziłem tej sfery internetu, nie miałem pojęcia, co to subskrypcje. O filmach dowiadywałem się tylko i wyłącznie z serwisów typu joemonster... (które, tylko tak między nami, śledziłem podczas większości wykładów na studiach). W tamtym czasie ta materia wideo tworzyła się niejako gdzieś w tle. Trudno, żebym nie wiedział wtedy, kim jest Hardkorowy Koksu, Baśka Kwarc, Ravgor, czy nie znał piosenki o Krzyśku Ibiszu, którą znajomi dla żartu śpiewali również... jakby o mnie. Nie miałem jednak pojęcia, że właśnie tworzy się świat, którego częścią dane mi będzie zostać w przyszłości. Nie spodziewałem się, że poznam twórców wideo, którzy kiedyś byli dla mnie zupełnie obcy (oglądałem ich filmy z wielkim zaciekawieniem), nie śniło mi się nawet, że w przyszłości będziemy wspólnie tworzyć coś fajnego.

Nie bez kozery wspomniałem tutaj Rafała Góreckiego, czyli Ravgora. Jego filmy niejednego widza rozbawiają do łez. Najciekawsze jednak w tym wszystkim jest to, że mimo iż obaj tworzymy i udostępniamy swoje filmy na YouTubie, znamy się zupełnie z innego powodu. Zbliżyła nas właśnie fascynacja piłką nożną oraz freestyle footballem. Otóż obydwaj w wieku kilkunastu lat wymarzyliśmy sobie, że będziemy mistrzami *freestyle*'u i na jednym z ogólnopolskich zawodów mogliśmy nawet wspólnie trenować i rywalizować. Rafał był świetnie zapowiadającym się freestylerem, jednak z biegiem czasu wybrał pracę informatyka, a potem kilka lat później przekwalifikował się na youtubera. Kilka lat później spotkaliśmy się już jako koledzy z tej samej branży i nakręciliśmy wspólny film, nawiązując do mistrzostw świata w piłce nożnej – graliśmy w piłkę z udziałem przypadkowych ludzi zaczepionych na ulicy w Krakowie. Ten film, który zaledwie w jeden dzień uzyskał ponad sto tysięcy wyświetleń, po raz pierwszy uświadomił mi, jak wielką siłą jest internet... a ja jak zwykle tego dnia uparłem się, że za rok wszystkie filmy, w których będę brał udział, muszą właśnie takie wyniki osiągać. Najlepsze jest to, że podczas jego nagrywania wyjątkowo nam nie szło tamtego dnia. Po pierwsze, co chwilę padał deszcz, a po drugie, wszystkie najlepsze początkowe sceny, które przygotowaliśmy, nie zapisywały się na nośniku pamięci w kamerze. Przełom nastąpił dopiero w momencie, gdy obydwaj założyliśmy siatki „Królikowi na rynku" i babeczce. Potem wszystko się udawało, dalej już były subskrypcje i film za filmem.

Mimo że bardzo skrupulatnie planuję każdy film, najbardziej zaskakujące jest to, że wszystkie te, które okazały się hitami, wyniknęły ze zbiegu okoliczności, szczęśliwych zrządzeń losu. Tak było właśnie z serią turboKRZYCH. Pamiętam marzec 2015 roku. Chciałem napisać jakiś post na swoim fejsie, żeby dać znać widzom mojego kanału, że żyję. W pewnym momencie wpadł mi do głowy pomysł: czemu by nie poprosić, żeby widzowie wymyślili nazwę na serię, w której będę grał na swój sposób w piłkę z youtuberami? Odzew był niemal jednogłośny: turboKRZYCH. Spodobało mi się. Założyłem sobie jednak, że od początku do końca serial będzie oparty na dedykowanym scenariuszu. Bez kopiowania programów telewizyjnych. Każdy odcinek był obmyślany pod kątem jego bohatera, dzięki temu też można było wymyślać własne konkurencje. Bez zastanowienia zadzwoniłem do Dominika Szarka z kanału Futbolove, który również mieszka w Krakowie, i zaprosiłem do uczestnictwa w projekcie. Dominik się zgodził i mimo że pierwszy odcinek nagraliśmy kamerą na statywie (teraz gdy na niego patrzę, widzę, jak wiele miał niedociągnięć), jestem przeszczęśliwy. Ta seria sprawiła, że kanał osiągnął wyższy poziom, na którym utrzymuje się do dzisiaj. To właśnie okazało się kluczem do sukcesu, którego szukałem od dawna. W tych filmach pokazałem, w jaki sposób przez

piłkarską rozrywkę można zachęcać do sportowej postawy i rozwijania swoich talentów oraz pasji. W kolejnych odcinkach każdy gość mógł zaprezentować swoje wyjątkowe, unikalne umiejętności. Izak strzelał celniej niż w CS-ie, Gimper rywalizował ze swoim tatą jak równy z równym, a Isamu zawirował świat i odmienił spojrzenie na wirujące karne. Do tej pory czuję, jakie petardy drzemią w nodze Pashy Bicepsa i jak „nieprzewidywalne" mogą być strzały Roberta Burneiki. Tak, właśnie tego Roberta Burneiki, o którym po raz pierwszy usłyszałem w 2009 roku, gdy hasło „Nie ma lipy" podbiło cały polski internet. Robert to człowiek, od którego emanują pozytywna energia, optymizm i ciepło... Ciepły był właściwie cały; gdy dotknąłem jego łydki podczas nagrań, stwierdziłem, że można by nawet ustawić na niej czajnik z wodą, żeby ją zagotować na herbatę. To była najbardziej umięśniona łydka, jaką kiedykolwiek widziałem – całkowicie wyrzeźbiona. Robert podporządkował swojej pasji całe swoje życie... I jeszcze jedna chwila szczególnie utkwiła mi w pamięci. Chętnie się tym z wami podzielę! Już po skończeniu nagrań Robert zadzwonił do znajomego, by zamówił obiad z dużym stekiem... Bardzo utkwiło mi w pamięci kolejne zdanie Roberta: „Ale weź dla mnie dwa zestawy!".

Odcinek z Robertem Lewandowskim

W tym samym miejscu, pod tym samym krytym boiskiem w Warszawie, gdzie nagrałem większość swoich odcinków turboKRZYCHA, w tym samym tygodniu, w którym miałem okazję nagrywać film z Robertem Burneiką, spełniło się moje kolejne marzenie. Nagrałem odcinek z innym wspaniałym, równie popularnym Robertem. Piłkarzem... Robertem Lewandowskim. Podziwiam go, odkąd o nim usłyszałem. Był wówczas zawodnikiem Lecha Poznań. A później stał się najlepszym polskim piłkarzem naszych czasów. Karierę Roberta śledziłem od roku 2008, kiedy szalał na boiskach ekstraklasy polskiej. Rok później dane mi było wystąpić na gali Piłkarskie Oscary. Wówczas w trakcie mojego programu zdejmowałem kolejno koszulki trzech piłkarzy nominowanych do nagrody dla najlepszego polskiego zawodnika roku. Miałem na sobie kolejno koszulki z nazwiskami: Brożek, Jeleń i Lewandowski. Wtedy zwyciężył ten drugi... Dziś kwestia wyboru byłaby bardziej oczywista. Robert swoimi mistrzowskimi umiejętnościami zachwyca już dobre siedem lat, wspinając się na absolutne szczyty piłkarskiej kariery. Przy okazji tamtej gali nie miałem niestety okazji zamienić z nim choćby kilku słów. Nie

uwierzycie, jak wielkie było moje zdziwienie, kiedy w grudniu 2015 roku, czyli prawie dokładnie sześć lat od owego wydarzenia, okazało się, że Robert doskonale mnie pamięta z tamtego pokazu. Było to dla mnie wielce nobilitujące, że osoba taka jak Robert, która w światowym futbolu jest marką sama dla siebie, doceniła moje umiejętności. Czułem się, jakbym jeszcze raz zdobył mistrzostwo świata. Ciężko opisać słowami tamtą chwilę i tamto wzruszenie. Przed nagraniem odcinka, na który mieliśmy niestety tylko trzydzieści minut, usiedliśmy razem w samochodzie (był to kamper, który służył za garderobę). Porozmawialiśmy na temat mojego kanału, wizji i pomysłu na film, ROBERT LEWANDOWSKI + KRZYCHU GOLONKA – AMAZING FOOTBALL SKILLS, jaki chciałem z nim nagrać. Robertowi wizja i pomysł bardzo się spodobały i postanowiliśmy zacząć od razu, żeby w pełni wykorzystać czas, który mógł mi poświęcić. I mimo że ponaglano i odwoływano Roberta z planu, ze względu na kolejne umówione wywiady, powiedział, że chce jeszcze chwilę zostać i dograć niektóre triki... a gdy się nieco spóźni na wywiad, to nic się nie stanie. W ten sposób nagranie przedłużyło się jeszcze o kilka minut, a efekt możecie obejrzeć na YouTubie.

Kto pojawi się w następnych odcinkach, tego zdradzać w tej chwili nie mogę i też jeszcze nie mam wszystkich potrzebnych informacji. Mam natomiast nadzieję, że to dzięki wam uda się małymi... a może już dużymi krokami rozkręcać Polskę na sportowo... I na przykład z Messim nie będę już tylko rozmawiał na Skypie... (tak, przyznaję się, wkręcałem was, nie mam do niego numeru, a często mnie o to pytacie), lecz dane będzie mi kiedyś spotkać się z nim również na żywo, tak jak z Robertem Lewandowskim, i stworzyć dla was materiały, dzięki którym jeszcze bardziej poprawicie waszą technikę piłkarską.

Tymczasem liczę, że ta książka stanie się dla was inspiracją i przekona was, że niezależnie od tego, gdzie teraz jesteście, czytając ją, nabierzecie ochoty do gry i zrozumiecie, że wszystko jest do zdobycia, tylko musicie bardzo mocno tego chcieć i każdego dnia walczyć o swoje.

Obiecajcie mi, że jeszcze dzisiaj weźmiecie okrągły napompowany przedmiot i z uśmiechem podbijecie świat z piłką nożną!

Krzysztof Golonka

www.TRENUJzKRZYCHEM.pl

TWÓJ DZIENNIK TRENINGOWY

Człowieku, to jeszcze nie koniec!

Wiesz już o futbolu bardzo dużo. Nie zapominaj jednak o tym, jak ważny w twoim piłkarskim rozwoju jest codzienny i systematyczny trening.

Ten dziennik jest dla Ciebie. Zapisuj w nim swoje postępy, byś dokładnie wiedział, jaki poziom osiągnąłeś w danym momencie. Każdy nowy trik, którego się nauczyłeś, kolejny zwód, jeszcze bardziej dopracowane uderzenie – to wszystko przybliża Cię do sukcesu.

Nie zapominaj o treningach, rozwijaj swoje umiejętności, a gwarantuję Ci, że po kilku miesiącach wskoczysz na nowy piłkarski level!

1

MIESIĄC TRENINGU

JAKIE PIŁKARSKIE POSTĘPY ZROBIŁEM

TRIKI, KTÓRYCH SIĘ NAUCZYŁEM

ZAGRANIA, KTÓRYCH SIĘ NAUCZYŁEM

Ile gwiazdek w teście Krzycha zdobyłeś w tym miesiącu ★ .... ★

MOJE PIŁKARSKIE SUKCESY

. . . .

. . . .

. . . .

. . . .

2

MIESIĄC TRENINGU

JAKIE PIŁKARSKIE POSTĘPY ZROBIŁEM

TRIKI, KTÓRYCH SIĘ NAUCZYŁEM

ZAGRANIA, KTÓRYCH SIĘ NAUCZYŁEM

Ile gwiazdek w teście Krzycha zdobyłeś w tym miesiącu ★ .... ★

MOJE PIŁKARSKIE SUKCESY

. . . .

. . . .

. . . .

. . . .

3
MIESIĄC TRENINGU

JAKIE PIŁKARSKIE POSTĘPY ZROBIŁEM

TRIKI, KTÓRYCH SIĘ NAUCZYŁEM

ZAGRANIA, KTÓRYCH SIĘ NAUCZYŁEM

Ile gwiazdek w teście Krzycha zdobyłeś w tym miesiącu ★ .... ★

MOJE PIŁKARSKIE SUKCESY

. . . .

. . . .

. . . .

. . . .

4

MIESIĄC TRENINGU

JAKIE PIŁKARSKIE POSTĘPY ZROBIŁEM

TRIKI, KTÓRYCH SIĘ NAUCZYŁEM

ZAGRANIA, KTÓRYCH SIĘ NAUCZYŁEM

Ile gwiazdek w teście Krzycha zdobyłeś w tym miesiącu ★ .... ★

MOJE PIŁKARSKIE SUKCESY

. . . .

. . . .

. . . .

. . . .

5

MIESIĄC TRENINGU

JAKIE PIŁKARSKIE POSTĘPY ZROBIŁEM

TRIKI, KTÓRYCH SIĘ NAUCZYŁEM

ZAGRANIA, KTÓRYCH SIĘ NAUCZYŁEM

Ile gwiazdek w teście Krzycha zdobyłeś w tym miesiącu ★ .... ★

MOJE PIŁKARSKIE SUKCESY

. . . .

. . . .

. . . .

. . . .

6

MIESIĄC TRENINGU

JAKIE PIŁKARSKIE POSTĘPY ZROBIŁEM

TRIKI, KTÓRYCH SIĘ NAUCZYŁEM

ZAGRANIA, KTÓRYCH SIĘ NAUCZYŁEM

Ile gwiazdek w teście Krzycha zdobyłeś w tym miesiącu ★ .... ★

MOJE PIŁKARSKIE SUKCESY

. . . .

. . . .

. . . .

. . . .

7

MIESIĄC TRENINGU

JAKIE PIŁKARSKIE POSTĘPY ZROBIŁEM

TRIKI, KTÓRYCH SIĘ NAUCZYŁEM

ZAGRANIA, KTÓRYCH SIĘ NAUCZYŁEM

Ile gwiazdek w teście Krzycha zdobyłeś w tym miesiącu ★ .... ★

MOJE PIŁKARSKIE SUKCESY

. . . .

. . . .

. . . .

. . . .

8
MIESIĄC TRENINGU

JAKIE PIŁKARSKIE POSTĘPY ZROBIŁEM

TRIKI, KTÓRYCH SIĘ NAUCZYŁEM

ZAGRANIA, KTÓRYCH SIĘ NAUCZYŁEM

Ile gwiazdek w teście Krzycha zdobyłeś w tym miesiącu ★ .... ★

MOJE PIŁKARSKIE SUKCESY

. . . .

. . . .

. . . .

. . . .

9

MIESIĄC TRENINGU

JAKIE PIŁKARSKIE POSTĘPY ZROBIŁEM

TRIKI, KTÓRYCH SIĘ NAUCZYŁEM

ZAGRANIA, KTÓRYCH SIĘ NAUCZYŁEM

Ile gwiazdek w teście Krzycha zdobyłeś w tym miesiącu ★ . . . . ★

MOJE PIŁKARSKIE SUKCESY

. . . .

. . . .

. . . .

. . . .

10
MIESIĄC TRENINGU

JAKIE PIŁKARSKIE POSTĘPY ZROBIŁEM

TRIKI, KTÓRYCH SIĘ NAUCZYŁEM

ZAGRANIA, KTÓRYCH SIĘ NAUCZYŁEM

Ile gwiazdek w teście Krzycha zdobyłeś w tym miesiącu ★ . . . . ★

MOJE PIŁKARSKIE SUKCESY

. . . .

. . . .

. . . .

. . . .

11

MIESIĄC TRENINGU

JAKIE PIŁKARSKIE POSTĘPY ZROBIŁEM

TRIKI, KTÓRYCH SIĘ NAUCZYŁEM

ZAGRANIA, KTÓRYCH SIĘ NAUCZYŁEM

Ile gwiazdek w teście Krzycha zdobyłeś w tym miesiącu ★ .... ★

MOJE PIŁKARSKIE SUKCESY

. . . .

. . . .

. . . .

. . . .

12

MIESIĄC TRENINGU

JAKIE PIŁKARSKIE POSTĘPY ZROBIŁEM

TRIKI, KTÓRYCH SIĘ NAUCZYŁEM

ZAGRANIA, KTÓRYCH SIĘ NAUCZYŁEM

Ile gwiazdek w teście Krzycha zdobyłeś w tym miesiącu ★ .... ★

MOJE PIŁKARSKIE SUKCESY

....

....

....

....

MOJE PIŁKARSKIE NOTATKI

Projekt graficzny okładki i makiety, skład i łamanie
Paweł Panczakiewicz / PANCZAKIEWICZ ART.DESIGN
www.panczakiewicz.pl

Zdjęcie na okładce
Shutterstock
Adrian Błachut, adrianblachut.com

Opieka redakcyjna
Damian Warszawski

Fotografie na stronach 11, 14, 246, 247 pochodzą z archiwum autora

Pozostałe fotografie
Adrian Błachut, adrianblachut.com

Autor dziękuje Andrzejowi Kozubowskiemu, Kamilowi Szewczykowi, Franciszkowi Potoczkowi za udział w sesji zdjęciowej

Adiustacja
Barbara Wójcik

Korekta
Barbara Gąsiorowska
Katarzyna Onderka

ISBN 978-83-240-4311-8

znak

Książki z dobrej strony: www.znak.com.pl
Więcej o naszych autorach i książkach: www.wydawnictwoznak.pl
Społeczny Instytut Wydawniczy Znak, 30-105 Kraków, ul. Kościuszki 37
Dział sprzedaży: tel. (12) 61 99 569, e-mail: czytelnicy@znak.com.pl
Wydanie I, Kraków 2016. Printed in EU